LES CONCLUSIONS ECRITES DU PROCUREUR DE LA REPUBLIQUE EN MATIERE ADMINISTRATIVE

Lovane TSAMBY-LHAKHY

LES CONCLUSIONS ECRITES DU PROCUREUR DE LA REPUBLIQUE EN MATIERE ADMINISTRATIVE

L'Harmattan
Congo-Brazzaville

Du même auteur

- *La constitution congolaise du 25 octobre 2015 interprétée article par article*, L'Harmattan Congo-Brazzaville, 2017.

- *Le contentieux de l'annulation au Congo*, L'Harmattan Congo-Brazzaville, 2018.

5-7, rue de l'École-Polytechnique ; 75005 Paris

www.editions-harmattan.fr

ISBN : 978-2-343-23323-9
EAN : 9782343233239

ACRONYMES ET ABREVIATIONS

AA : Année africaine (Dakar)

AFDI : Annuaire français de droit international.

AJDA : Actualité juridique, Droit administratif (Paris)

APJ : Agent de police judiciaire

ATM : Annuaire du Tiers-Monde (Paris)

BACS : Bulletin des arrêts de la Cour suprême (Brazzaville)

BCC : Bulletin du Conseil constitutionnel (Brazzaville)

C.aviat. : Code de l'aviation

CAA : Cour administrative d'appel

CAB : Cour d'appel de Brazzaville

CAI : Conflit armé international

CANI : Conflit armé non international

C.Cass. : Cour de cassation

C. civ. : Code civil

CCJA : Cour commune de justice et d'arbitrage

C.Cptes. : Cour des Comptes

CD : Code des drogues ou Code des douanes

CD : Citation directe

CEEAC : Communauté économique des Etats de l'Afrique centrale

CEDH : Cour européenne des droits de l'homme

CE : Conseil d'Etat

CEMAC : Communauté économique et monétaire de l'Afrique centrale

CF : Code de la famille

CFJ : Centre de formation judiciaire

Chr. : Chronique

Ch.R. : Chambres réunies

C.expr. : Code de l'expropriation pour cause d'utilité publique

CESEDA. : Code de l'entrée et du séjour des étrangers et du droit d'Asile

CGCT : Code général des collectivités territoriales

CG3P : Code général de la propriété des personnes publiques

CIJ : Cour internationale de justice

CJ : Contrôle judiciaire

CJA : Code de justice administrative

CJC : Cahiers de la jurisprudence congolaise (Brazzaville)

CJCE : Cour de justice des communautés européennes

CJEG : Cahiers juridiques de l'électricité et du gaz de France (Paris)

CJM : Code de justice militaire

C.marchés : Code des marchés publics

CP : Cessation des paiements

C.Patr. : Code du patrimoine

CP : Code pénal

CPI : Cour pénale internationale

CPCCAF : Code de procédure civile, commerciale, administrative et financière.

CPP : Code de procédure pénale

CRDF : Cahiers de la recherche sur les droits fondamentaux

CRI : Commission rogatoire internationale

C.Route : Code de la route

C.rur : Code rural et de la pêche maritime

CSM : Conseil supérieur de la magistrature

CSP : Code de la santé publique

CSS : Classement sans suite

CSS : Code de la sécurité sociale

CS : Cour suprême

D. : Recueil Dalloz

DA : Droit administratif

DACG : Direction des affaires criminelles et des grâces

DACS : Direction des affaires civiles et du sceau

DIC : Direction des investigations criminelles

DSJ : Direction des services judiciaires

EDCE : Etudes et documents du Conseil d'Etat

ENAM : Ecole nationale d'administration et de magistrature

ENFOM : Ecole nationale de la France d'outre-mer

FD : Flagrant délit

GAJA : Grands arrêts de la jurisprudence administrative

GEC : Greffier en chef

GDCC : Grandes décisions du Conseil constitutionnel

IGE : Inspection générale d'ETAT

IHEOM : Institut des hautes études d'outre-mer

INTERPOL : International police

J.cl.Adm. : Jurisclasseur administratif

JCP : La semaine juridique (édition générale)

JO : Journal officiel

LB : Liquidation de biens

LGDJ : Librairie générale de droit et de jurisprudence

LPF : Livre des procédures fiscales

MA : Mandat d'amener ou mandat d'arrêt

MD : Mandat de dépôt

MJ : Ministère de la justice

MP : Ministère public

NCP : Nouveau code pénal

OHADA : Organisation pour l'harmonisation du droit des affaires en Afrique

ONU : Organisation des Nations Unies

OPJ : Officier de police judiciaire

OSC : Ordonnance de soit-communiqué

PAR. : Paragraphe

PG : Procureur général

PR : Procureur de la République

PGD : Principe général du droit

PUF : Presses universitaires de France

Lebon : Recueil des décisions du Conseil d'Etat, du Tribunal des conflits et des jugements des tribunaux administratifs (Recueil Lebon)

Rec. CJCE : Recueil des arrêts de la Cour de justice et du Tribunal de première instance des communautés européennes

Rev. Adm. : Revue administrative

Rev. Crit. Dip : Revue critique de Droit international privé

RDP : Revue du Droit public et de la Science politique en France et à l'étranger

RFDA : Revue française de droit administratif

RDSS : Revue de droit sanitaire et social

RGDIP : Revue générale de droit international public

RI : Réquisitoire introductif

RPDA : Revue pratique du droit administratif

RSC : Revue de sciences criminelles

RJACS : Recueil commenté de la jurisprudence administrative de la Cour suprême du Congo (Brazzaville)

RJ : Redressement judiciaire

RJPIC : Revue juridique et politique indépendance et coopération (Paris)

RP : Registre des plaintes ou Retour de parquet

S. : Recueil sirey

SOC : Chambre sociale de la Cour de cassation

SPA : Service public à caractère administratif

SPIC : Service public à caractère industriel et commercial

TC : Tribunal des conflits

TGI : Tribunal de grande instance

TI : Tribunal d'instance

TMIN : Tribunal militaire international de Nuremberg

TP/CR : Tribunal populaire de commune ou de région

TP/DA : Tribunal populaire de district ou d'arrondissement

TPE : Tribunal pour enfants

TPIR : Tribunal pénal international pour le Rwanda

TPIY : Tribunal pénal international pour l'ex-Yougoslavie

TR : Tribunal régional

TSL : Tribunal spécial sur le Liban

TSSL : Tribunal spécial pour la Sierra Leone

UIT : Union internationale des télécommunications

UEMOA : Union économique et monétaire ouest-africaine

ZES : Zone économique spéciale

INTRODUCTION

Représentant du ministère public, le procureur de la République est un personnage dont le rôle dans le cadre des affaires civiles et pénales est très souvent mis en avant. Pourtant, on ne peut pas dire que ce dernier, en matière administrative, n'ait à jouer aucun rôle. Bien au contraire, il peut y intervenir, soit comme partie principale, soit comme partie jointe.[1] Dans ces deux hypothèses, il est tenu d'assister à l'audience et est alors appelé à prendre des réquisitions verbales ou à procéder au dépôt des conclusions écrites qui sont obligatoirement communiquées aux parties avant l'audience.[2] Mais que faut-il entendre par conclusions ?

On désigne par « Conclusions »[3] l'avis que le ministère public donne à la juridiction, en matière administrative, soit par écrit, soit oralement à l'audience. Il est à noter que le procureur de la République tel que présenté dans le cadre de la procédure contentieuse administrative n'a pas d'équivalent dans le système juridictionnel français.

En effet, si le terme « procureur » est apparu pour la première fois en 1213 dans la langue française, en France, il n'a jamais été question d'envisager sa présence devant la juridiction administrative, puisque dans ce pays, on a longtemps fait référence dans le contentieux administratif au commissaire du gouvernement plutôt qu'au procureur de la République. L'appellation de commissaire du gouvernement, il faut le dire, a longtemps été utilisée, pour désigner, auprès du Tribunal des conflits, des tribunaux administratifs, des cours administratives

---

[1]Voir l'article 201 de la loi n° 51 du 21 avril 1983 portant code de procédure civile, commerciale, administrative et financière.
[2]Article 206 de la loi n° 51 du 21 avril 1983 précitée.
[3]GUINCHARD Serge, DEBARD Thierry, (dir.), *Lexique des termes juridiques*, Paris, Dalloz 25eme édition 2017-2018, pp. 491-492.

d'appel, des formations contentieuses du conseil d'Etat, un membre de la juridiction chargé, en toute indépendance, de présenter à l'audience sous forme de « Conclusions » son opinion sur la solution que lui paraissait appeler le problème juridique soumis à la juridiction. C'est un décret du 7 janvier 2009 qui va remplacer l'appellation (commissaire du gouvernement) peu heureuse par celle, plus neutre, de rapporteur public.

Au Congo, de telles évolutions sont loin d'être envisagées, puisqu'aux termes de l'article 85 de la loi n°19-99 du 15 août 1999[4] , « le Tribunal administratif comprend des magistrats du siège [...] et des magistrats du Ministère public [...] ». L'article 85 précité, qui revient sur la composition du tribunal administratif, mérite pour une meilleure appréhension d'être analysé en lien avec l'article 80 de la loi n°022-92 du 20 août 1992 selon lequel, « il peut être créé un tribunal administratif par district ou arrondissement. La loi de création fixe son siège et son ressort qui comprend un ou plusieurs districts ou un ou plusieurs arrondissements.

Chaque Tribunal administratif comprend un Greffe [...].

Le Ministère public y est représenté par le procureur de la République et un substitut du procureur de la République au moins ».

Bien avant 1999, l'article 1er de la loi n°8-96 du 20 mars 1996 portant création du tribunal administratif de Brazzaville indiquait qu'« il est créé un Tribunal administratif à Brazzaville » pendant que l'article 2 de la même loi précisait que « Le ressort du Tribunal administratif de Brazzaville comprend la commune de Brazzaville ».[5]

---

[4]La loi n°19-99 du 15 août 1999 modifiant et complétant certaines dispositions de la loi n°022-92 du 20 août 1992 portant organisation du pouvoir judiciaire prévoit la création d'un tribunal administratif.

[5]A la différence de la loi n°8-96 du 20 mars 1996 qui limitait le ressort du Tribunal administratif de Brazzaville à Brazzaville, la loi n°13-96 du 20 mars 1996 portant création du tribunal administratif de Pointe-Noire prévoyait en son article 2 que « le ressort du Tribunal

A la suite du texte de 1996, interviendra la loi n°18-2008 du 25 juin 2008 portant modification du ressort du tribunal de grande instance de Brazzaville dont l'article 1er a étendu la compétence de cette juridiction aux districts de Goma Tsé-Tsé, d'Ignié et de Ngabé pendant que la compétence du tribunal administratif de Brazzaville est restée limitée à la commune de Brazzaville. De cet état du droit, il résulte que le Tribunal administratif de Brazzaville se déclare territorialement incompétent, bien que matériellement compétent, lorsqu'il est saisi d'un contentieux émanant des districts susvisés, pendant que le tribunal de grande instance de Brazzaville se déclare, à son tour, matériellement incompétent, bien que territorialement compétent. Pour éviter que ne se perpétuent des conflits négatifs de compétence entre le Tribunal de grande instance et le Tribunal administratif de Brazzaville, le législateur est ici interpellé afin de régler ce conflit en étendant la compétence du tribunal administratif de Brazzaville aux districts de Goma Tsé-Tsé, d'Ignié et de Ngabé.

Dans la pratique, retenons que les Tribunaux administratifs demeurent juges de droit commun en première instance en matière administrative, comme l'indique l'article 82 de la loi de 1999 portant organisation du pouvoir judiciaire. L'article 83 de la loi suscitée dispose que « *le Tribunal administratif, juge de droit commun en premier ressort et, au plan contentieux, il est, au cours des instances dont il est saisi, compétent pour interpréter les décisions des diverses autorités administratives et apprécier leur régularité juridique, à la demande de l'une des parties, sans pouvoir en prononcer l'annulation qui est de la compétence de la Cour suprême.*

A ce titre, le Tribunal administratif connaît de toutes les actions tendant à faire déclarer débitrices les collectivités publiques soit à raison des marchés, titre que le Tribunal administratif connaît :

---

administratif de Pointe-Noire comprend la commune de Pointe-Noire et la Région du Kouilou.»

1° Marchés publics conclus par elle, soit à raison des travaux publics qu'elles ont ordonnés, soit encore à raison de tous actes ou activités de leur part ayant porté préjudice à autrui ;

2° Du contentieux des contributions perçues par les collectivités publiques ;

3° De tous les litiges portant sur les avantages pécuniaires des agents publics des diverses administrations, notamment aux fins de redresser les situations de carrières inadéquates et de prononcer, le cas échéant, la réparation qui leur est due pour le préjudice ;

4° Des actions intentées par les administrations contre les particuliers, ou d'autres administrations lorsqu'elles se rapportent à des relations relevant du droit public. »

On ne saurait oublier, dans le cadre du contentieux administratif congolais, le rôle de la chambre administrative de la Cour d'Appel qui est compétente pour connaître des appels en matière administrative. Comme en première instance, le procureur général près la Cour d'appel ou ses substituts généraux prennent des conclusions en matière administrative et près la Cour suprême, le ministère public[6] est également compétent pour conclure dans les diverses affaires en matière administrative.

Les conclusions du parquet, contrairement aux décisions des Cours et tribunaux, ne sont susceptibles d'aucun commentaire spécifique de la part de la doctrine, motif pris de ce qu'elles ne sont que des avis ou observations et peuvent ou ne pas emporter la conviction des juges.

Ainsi, à travers cette étude consacrée aux conclusions écrites du procureur de la République en matière administrative, c'est à une exploration de l'univers des parquetiers qu'on devra se livrer. A quelles fins le procureur de la République présente-t-il des conclusions écrites au titre d'un litige mettant en cause l'administration ? Comment se présentent les conclusions

---

[6]Le ministère public est constitué près la Cour suprême par le procureur général assisté d'avocats généraux.

écrites du procureur de la République en matière administrative ?

A la lumière de toutes ces questions, on perçoit bien les spécificités des fonctions du procureur près les tribunaux administratifs et l'on mesure l'intérêt qui s'attache à une étude se rapportant à ses fonctions.

D'un point de vue théorique, l'étude envisagée devra nous permettre d'opérer une distinction claire entre les fonctions du procureur de la République en matière administrative d'avec les fonctions qu'il exerce dans un cadre autre qu'administratif.

Au plan pratique, il est incontestable que les praticiens du droit, les magistrats en général, et les magistrats du parquet, en particulier, viendront à découvrir non plus simplement théoriquement, mais bien plus comment est-ce qu'en matière administrative une conclusion se présente.

De ce point de vue, le présent ouvrage pourrait être considéré comme un outil d'aide à la rédaction des conclusions en matière administrative pouvant renforcer les aptitudes rédactionnelles des procureurs des juridictions administratives.

Avant de nous intéresser aux conclusions du procureur de la République, à proprement parler, nous serons appelés à identifier, à préciser le statut et les attributions du procureur de la République.

CHAPITRE 1

IDENTIFICATION, STATUT ET ROLE DU PROCUREUR DE LA REPUBLIQUE

Avant de présenter le rôle particulier du procureur de la République en matière administrative (section 2), on devra préalablement apporter des précisions générales sur ce magistrat du parquet et notamment sur son statut (section 1).

Section 1 : Identification et statut du procureur de la République

Le Congo, au lendemain de son indépendance, a fait le choix de rompre avec la tradition dualiste de l'ex-métropole, d'opter pour un système d'unité de juridiction que l'on appelle encore monisme juridictionnel.[7] Aussi, le Congo, à l'instar des autres pays de droit civil, a procédé à la constitution d'un corps unique des magistrats du siège (qui jugent les affaires) et du parquet (qui représentent l'État, c'est-à-dire l'intérêt de la société).[8] Si depuis les indépendances le statut spécial du corps unique des magistrats est reconnu au Congo[9], on retiendra que la Constitution du 25 octobre 2015 y fait clairement référence en son article 173 lorsqu'elle indique que : « La loi fixe le statut spécial du corps unique des magistrats de la Cour suprême, des Cours d'appel et de toutes les autres juridictions nationales ». D'après le premier alinéa de l'article premier de la loi n°15-99 du 15 avril 1999, modifiant et complétant certaines dispositions de la loi n° 023-92 du 20 août 1992 portant statut de la magistrature : « le corps de la magistrature comprend les

[7] Voir la loi du 20 janvier 1962 sur la Cour suprême et la compétence administrative des juridictions.

[8] FABRE-MAGNAN MURIEL, *Introduction au Droit*, Paris, Puf, coll.Que-Sais-Je, Deuxième édition mise à jour, édition, 2014, 70 p.

[9] On peut lire à l'article 142 de la Constitution du 20 janvier 2002 que : « La loi fixe le statut particulier du corps unique des magistrats ».

magistrats du siège et du parquet … ». Ces deux types de magistrats, sont des fonctionnaires investis de la mission de rendre la justice, régis par un statut particulier différent du statut général des fonctionnaires et qui résulte de la loi n°15-99 du15 avril 1999 modifiant et complétant certaines dispositions de la loi du 20 août 1992 portant statut de la magistrature. D'après l'article premier alinéa 2 de cette loi, les règles relatives à la fonction publique ne s'appliquent aux magistrats que dans la mesure où elles ne sont pas contraires à leur statut. On le sait, nos juridictions comprennent aussi des juges non professionnels, élus par leurs pairs (au tribunal du commerce, au tribunal du travail et devant la Cour criminelle).[10] Ce système que l'on désigne par échevinage consiste à composer une juridiction (de jugement) de magistrats de carrière et de magistrats non professionnels.[11] De façon générale, qu'ils soient du siège ou du parquet, les magistrats n'ont pas un statut uniforme ni des tâches similaires.[12] Le magistrat du siège peut être juge d'instance ou de grande instance, juge d'instruction, juge pour enfants ... Devant la cour d'appel comme la Cour de cassation, le magistrat du siège est appelé conseiller. La magistrature debout regroupe les procureurs de la République et leurs « substituts » (les magistrats qui les assistent), de même que les procureurs généraux, leurs substituts respectifs, les avocats généraux.[13] Au Congo, le parquet d'un tribunal administratif, pour sa part, se compose du procureur de la République et de ses substituts (magistrats qui l'assistent). Pour bien rendre compte de l'organisation du ministère public, un tableau ne revient pas seulement sur l'organisation du ministère

---

[10] Au sein du tribunal de commerce par exemple les assesseurs sont choisis parmi les commerçants conformément à l'article 107 de la loi sur l'organisation judiciaire alors que devant le tribunal de travail, les assesseurs sont nommés sur proposition des organisations syndicales les plus représentatives auxquelles ils appartiennent comme l'indique l'article 131 de la loi précitée.

[11] CORNU Gérard, (dir.), *Vocabulaire juridique*, Association Henri Capitant, 8e édition, Paris, Presses Universitaires de France, 2000, p. 379.

[12] *Organisation judiciaire*, Notes de cours à l'usage des auditeurs de justice et des élèves avocats, ENAM, 2012-2013, p. 9.

[13] http://www.pergama.fr/wp-content/uploads/2017/07/Parquet.pdf.

public près le tribunal administratif, mais concerne toutes les juridictions où le ministère public est représenté.

Tableau de l'organisation du Ministère public près les juridictions congolaises

Niveau d'instance	Composition du Parquet
Cour suprême	Procureur général près la Cour suprême + 1er Avocat général + 5 Avocats généraux
Cour d'appel	Procureur général près la Cour d'appel+ Avocat général + Substituts généraux
1ère instance T.I, TGI, Tribunal de commerce, Tribunal du travail, Tribunal administratif	**T.I**. : Substitut du procureur de la République près du Tribunal de grande instance **T.G.I** : Procureur de la République + Procureur adjoint + Substitut du procureur ; **T.A, Tribunal de commerce** : Procureur de la République + Substitut du procureur ; **Tribunal du travail** : procureur de la République près du Tribunal de grande instance + Substitut du procureur

Source : Inspiré de DURFORT Sylvie, *Institutions et principes fondamentaux du procès civil,* Portail universitaire du droit, Université numérique juridique francophone[14]

---

[14]Disponible à l'adresse : https://cours.unjf.fr/file.php/22/Cours/03_item/indexI0.htm.

Paragraphe 1 : Quelques précisions générales sur la formation et la nomination du magistrat du parquet

Il n'existe pas, au Congo, une formation spécifique des magistrats du parquet. A ce jour, les parquetiers, tout comme les magistrats du siège, sortent tous de l'Ecole nationale d'administration et de magistrature (ENAM) et reçoivent tous la même formation.[15] A la différence de ce que l'on observe en France, il n'y a pas en République du Congo des magistrats de l'ordre administratif simplement parce que tous les magistrats sont des magistrats de l'ordre judiciaire et servent, au gré de leur affectation, devant les différentes juridictions nationales. Il n'existe pas de formation professionnelle distincte pour les magistrats appelés à servir dans la juridiction administrative. Ainsi, le contentieux administratif, dans le cadre de l'organisation juridictionnelle congolaise, ressortit à la compétence des tribunaux administratifs et de la Chambre administrative de la Cour suprême. L'idée d'une non-spécialisation des magistrats observable en République du Congo est très répandue dans plusieurs autres pays francophones africains comme le Bénin, le Sénégal, la R.C.A. Les magistrats congolais sont formés à l'Ecole nationale d'administration et de magistrature (ENAM), créée en 1982. L'ENAM, aujourd'hui, fait partie des onze établissements que compte l'Université Marien-Ngouabi. La création et l'opérationnalisation de l'ENAM a permis que la formation de tous nos magistrats soit assurée au Congo précisément à Brazzaville[16]. A l'avènement de l'indépendance, le 15 août 1960, les tribunaux congolais ne disposaient pas des magistrats nationaux importants pour rendre la justice. A cette période, la nécessité de promouvoir des nationaux aux fonctions de magistrat avait justifié l'intégration dans la magistrature de candidats non titulaires d'une licence en droit.[17]

---

[15]Youssoupha DIALLO, *Le procureur de la République, la pratique du parquet*, Paris, L'Harmattan-SENEGAL, 2018 pp. 42-43.

[16]Par le passé, les magistrats congolais n'étaient envoyés en formation qu'à l'ENM (Ecole Nationale de la Magistrature) en France.

[17]Aujourd'hui, en dehors de l'ENAM, le Congo, dont les besoins en formation des magistrats sont importants, en raison de la nécessité de

L'entrée à l'E.N.A.M. se fait sur concours. Les candidats doivent être de nationalité congolaise et remplir d'autres conditions générales posées à l'article 17 de la loi du 15 avril 1999 modifiant et complétant certaines dispositions de la loi du 20 août 1992 portant statut de la magistrature. Aux termes de cette disposition :

« Les auditeurs de justice sont recrutés par voie de concours.

Le candidat à l'auditorat doit être de nationalité congolaise, âgé de vingt et un ans au moins, de trente-cinq ans au plus, et être titulaire du diplôme de fin de deuxième cycle des universités de droit ou des facultés de droit.

Avant d'être autorisé à concourir, le candidat à l'auditorat est soumis à une enquête de moralité diligentée par les services compétents ».[18] Tout juriste qui veut postuler au parquet ou devenir juge doit satisfaire au concours de la magistrature avant d'être admis à un stage judiciaire de deux ans.[19] Le nombre de places disponibles pour le concours est défini par le ministère de la Justice selon les postes à pourvoir, et les budgets alloués par l'Etat.

---

disposer d'un personnel judiciaire suffisant a été conduit, dans le cadre de la coopération avec d'autres Etats sur le continent, à envoyer des auditeurs de justice .

[18]En dehors de l'accès par concours, il existe, toutefois, la possibilité d'être intégré directement à la magistrature. D'après l'article 24 de la loi du 15 avril 1999 portant statut de la magistrature :

« Sont admis sur titre :

- les professeurs agrégés de droit qui totalisent cinq années au moins de service dans le grade ;
- les maîtres de conférences qui totalisent dix années au moins de service dans le grade ;
- les avocats titulaires d'une licence en droit ancien régime ou d'une maîtrise en droit qui totalisent quinze années au moins d'activité professionnelle effective ».

[19] La préparation au concours de l'ENAM s'effectue soit individuellement par le candidat ou encore à l'ENAM même au sein du Centre de recyclage et de perfectionnement administratif (CERPAD).

La formation dispensée à l'ENAM comporte un volet théorique[20] et pratique consistant en des stages juridictionnels. Elle s'adresse aux candidats admis au concours qui sont nommés auditeurs de justice par un décret du Président de la République pris sur proposition du Conseil supérieur de la magistrature (article 20 de la loi portant statut de la magistrature).

L'on peut retenir qu'à l'issue du cycle complet d'études, les auditeurs de justice ne sont nommés aux fonctions judiciaires que s'ils en sont reconnus aptes. Ils passent un examen qui va déterminer leur classement dans le choix d'un poste. Les jeunes magistrats formés prêtent serment au moment de leur entrée en fonction au Palais de justice de Brazzaville.[21]

Concrètement :

« L'aptitude des auditeurs de justice aux fonctions judiciaires est constatée à la fin du stage par leur inscription sur une liste de classement établie par ordre de mérite par le jury d'examen.

Cette liste est publiée au Journal Officiel.

Le jury d'examen peut écarter un auditeur de justice de l'accès aux fonctions judiciaires ou lui imposer le renouvellement d'une année de stage.

Les auditeurs de justice, déclarés aptes aux fonctions judiciaires, sont nommés au groupe 2, deuxième grade par décret du Président de la République sur proposition du Conseil supérieur de la magistrature.

Les auditeurs de justice, suivant leur rang de classement, choisissent leur poste sur une liste qui leur est proposée. Le candidat, qui n'a pas exercé de choix, est affecté d'office. En cas de refus, il est considéré comme démissionnaire » (article 22 de la loi portant statut de la magistrature).

---

[20] En dehors de leur activité juridictionnelle, les auditeurs de justice sont tenus de rédiger un mémoire qui sera soutenu en fin de stage devant un jury composé de trois membres choisis parmi les professeurs de l'ENAM.

[21]https://www.francophonie.org/sites/default/files/2019-10/Actes_2e_Conf_justice_1989.pdf

Paragraphe 2 : Le statut des magistrats du parquet

Les magistrats en raison de la spécificité des fonctions qu'ils exercent sont soumis à de nombreuses obligations liées à la qualité de fonctionnaire. En contrepartie, ils bénéficient d'un certain nombre de droits et d'avantages matériels.[22] Ainsi, si les magistrats du parquet n'ont pas de droit à l'inamovibilité comme leurs collègues du siège présentée comme une garantie de leur indépendance, il s'agit d'un corps hiérarchisé, soumis au principe de subordination.[23] Alors que le procureur de la République a autorité sur ses substituts, il est lui-même soumis aux instructions et directives du procureur général de la Cour d'appel. L'ensemble des magistrats du parquet sont placés sous l'autorité du garde des sceaux, ministre de la Justice.[24] A ce titre, par exemple, le représentant du Parquet est tenu dans ses réquisitions écrites de respecter les instructions données par sa hiérarchie, il n'y est pas assujetti lorsqu'il prend la parole à l'audience. Il est à noter que tous les magistrats congolais sont soumis à certaines contraintes propres à leurs fonctions qui excèdent les charges imposées aux autres membres de la fonction publique.[25]

Dans les faits, les magistrats du parquet, comme ceux du siège, ne peuvent se constituer en syndicats et se mettre en grève.[26] Ils ne peuvent jouir d'une totale liberté d'expression sans risquer de porter atteinte à l'objectivité et au bon fonctionnement du service

---

[22] GEORGES Philippe et SIAT Guy, *Droit public*, Paris, Dalloz, 2006, 15eme édition, p. 415.

[23] DURFORT Sylvie, *Institutions et principes fondamentaux du procès civil,* Portail universitaire du droit, Université Numérique Juridique Francophone (Plateforme de cours en ligne), disponible à l'adresse : https://cours.unjf.fr/file.php/22/Cours/03_item/indexI0.htm, consulté le 19 février 2021.

[24] CORNU Gérard, (dir.), *Vocabulaire juridique*, Association Henri Capitant, *op. cit.*,p. 730.

[25] NGONO (E.), *Manuel droit public du citoyen*, Paris, Bajag-Meri, 2008, p.141.

[26] Article 32 de la Constitution du 25 octobre 2015.

public de la justice.[27] Ces derniers sont tenus à l'obligation de réserve définie comme l'interdiction de faire état de leurs convictions politiques, philosophiques ou religieuses dans le cadre de leurs fonctions. Ils ne peuvent point être membres d'un parti politique.[28] A ce titre, par exemple, ils ne peuvent pas s'adonner à des démonstrations de nature politique ou d'exercer tout mandat politique.[29] Ils sont également tenus de faire preuve de dignité et de loyauté en toutes circonstances et éviter les fréquentations douteuses[30].

Au Congo, l'exercice des fonctions de magistrat est incompatible avec l'exercice de toute fonction publique ou élective et de toute autre activité, professionnelle ou salariée, à l'exception des activités agricoles. Il peut, toutefois, être accordé des dérogations individuelles, pour l'exercice par des magistrats des fonctions ou des activités qui ne sont pas de nature à porter atteinte à la dignité ou à l'indépendance du magistrat.

Enfin, les parquetiers peuvent, sans autorisation préalable, exercer accessoirement les activités d'enseignement et de travaux scientifiques, littéraires ou artistiques[31].

Pour le bon fonctionnement du service public de la justice et en vue de faire preuve d'impartialité, diverses interdictions ont été érigées contre les membres du ministère public qui ne peuvent siéger à la même audience, simultanément, avec les personnes avec lesquelles ils possèdent des liens de parenté, ni siéger lorsqu'ils ont des liens avec l'une des parties ou son représentant...[32] Sur le plan procédural, le constat d'un de ces cas de figure prévus devra conduire le magistrat en cause à prendre une décision d'abstention ou, s'il n'en prend pas l'initiative, une

---

[27] GEORGES Philippe et SIAT Guy, *Droit public*, précité, p. 420.

[28] L'article 13 de la loi portant statut de la magistrature

[29] DURFORT Sylvie, *Institutions et principes fondamentaux du procès civil,* précité, disponible à l'adresse : https://cours.unjf.fr/file.php/22/Cours/03_item/indexI0.htm,consulté le 19 février 2021.

[30] Idem.

[31]Article 8 de la loi portant statut de la magistrature.

[32]Article 9 de la loi portant statut de la magistrature.

demande de récusation ou de renvoi pour suspicion légitime devra être formulée contre lui.

Au plan disciplinaire, tout manquement par un magistrat au devoir de son état, à l'honneur, à la délicatesse ou à la dignité de même que toute insubordination caractérisée et réitérée constitue une faute.

Dans l'exercice ou à l'occasion de l'exercice de leurs fonctions, tous les magistrats sont protégés contre les menaces et les attaques, de quelque nature qu'elles soient, dont ils peuvent faire l'objet. L'Etat doit réparer le préjudice direct qui en résulte (article 14 du statut de la magistrature). En dehors de cette protection offerte dans l'exercice de leurs fonctions, les magistrats perçoivent une rémunération composée d'un traitement indiciaire et de ses accessoires. Cette rémunération correspond au traitement le plus élevé alloué aux fonctionnaires assimilés de l'Etat. C'est un décret du Président de la République, pris sur proposition du Conseil supérieur de la magistrature, qui détermine la nature et le taux de cette rémunération et des accessoires.

Section 2 : Le rôle particulier du procureur de la République en matière administrative

Très en vue dans le cadre des affaires civiles et pénales, le procureur de la République, en droit positif congolais, est appelé également à intervenir en matière administrative. Il surveille l'exécution des lois, des arrêts et jugements et poursuit d'office cette exécution dans les dispositions qui intéressent l'ordre public.[33]

C'est ainsi que doivent être communiquées obligatoirement, au Procureur de la République, les causes qui concernent l'ordre public, l'Etat, le domaine, les collectivités locales, les établissements publics, les sociétés d'économie mixte, l'état des personnes, les causes des personnes présumées incapables et absentes. Doivent également lui être communiqués les

[33] Article 202 de la loi susvisée.

règlements de juges, les récusations, les prises à parties, le renvoi d'une juridiction à une autre, les faillites, les règlements judiciaires, la liquidation des biens.[34]

En dehors des cas cités ci-dessus, le ministère public peut prendre communication de toutes autres causes dans lesquelles il jugera son ministère nécessaire.[35] Toutefois, le juge peut décider d'office la communication de toute cause au ministère public.[36]

En matière administrative, comme partie principale ou partie jointe, le ministère public est tenu d'assister à l'audience. Lors de l'audience publique, il prononce des conclusions dans lesquelles il expose publiquement, et en toute indépendance, son opinion sur les questions soulevées par la requête et sur la solution qu'elle appelle. Bref, il fait connaître son appréciation sur ces points et propose la solution qui, suivant sa conscience, lui paraît la plus appropriée.

Une fois l'audience publique terminée, la décision est mise en délibéré. Les juges appelés à statuer sur l'affaire vont décider s'ils suivent la proposition du procureur de la République ou s'ils adoptent un jugement en tout ou partie différent de cette proposition.

---

[34] Article 203 de la même loi.
[35] Article 204 idem.
[36] Article 205 idem.

CHAPITRE 2

DES EXEMPLES DES CONCLUSIONS ECRITES DU PROCUREUR DE LA REPUBLIQUE EN MATIERE ADMINISTRATIVE.

Dans cette partie, nous examinerons tour à tour la présentation d'une conclusion écrite en matière administrative (section 1), puis les exemples des conclusions écrites du procureur de la République en matière administrative (section 2).

Section 1 : Présentation d'une conclusion écrite en matière administrative (au regard de la pratique judiciaire congolaise)

Au point de vue formel, les conclusions écrites du procureur de la République se présentent de la manière suivante :

- La dénomination ;

- Le titre de l'autorité qui les dresse, le procureur de la République en l'occurrence ;

- Le visa des pièces jointes constituées de tous les documents annexés ; dans ces pièces sont consignés les faits de la cause ;

- La personne publique poursuivie, l'Etat en l'occurrence ;

- L'objet ;

- Les textes de loi applicables ;

- Les termes qui invitent le juge à décider par toutes voies de droit ;

- La date de l'acte qui, rappelons-le, constitue un élément essentiel ;

- La signature du magistrat : la signature est un acte substantiel et son absence devrait entraîner la nullité de l'acte et toute la procédure subséquente. Le parquet doit y veiller particulièrement.

Section 2 : Exemples des conclusions écrites du procureur de la République en matière administratives.

Le procureur de la République, acteur judiciaire incontournable dans la procédure administrative contentieuse, dépose des conclusions écrites aux fins d'éclairer, à travers ses opinions juridiques, le tribunal administratif. A la lumière de la pratique observée au sein des tribunaux administratifs congolais, quelques conclusions écrites du procureur de la République sont reproduites dans ce livre pour éclairer les lecteurs à leur propos. Concrètement, 30 conclusions ont été présentées ici.

Conclusions n° 1

Injonction à conclure au fond

Affaire LE... née AS..., IB..., PE..., ON... C/ La société SGEC-Congo

COUR D'APPEL DE G... (Nom de la ville)	RÉPUBLIQUE DU CONGO Unité*Travail*Progrès -------------
TRIBUNAL DE GRANDE INSTANCE DE G... (Nom de la ville)	
PARQUET DU PROCUREUR DE LA REPUBLIQUE	
N °______/...........	

CONCLUSIONS DU MINISTERE PUBLIC EN REPONSE AUX EXCEPTIONS SOULEVEES

Affaire :

- LE... née AS... (noms, prénoms, profession, situation matrimoniale, nationalité et domicile) ;

- IB... (noms, prénoms, profession, situation matrimoniale, nationalité et domicile) ;
- PE... (noms, prénoms, profession, situation matrimoniale, nationalité et domicile) ;
- ON... (noms, prénoms, profession, situation matrimoniale, nationalité et domicile) ;

Tous demandeurs, représentés par Maître FI..., avocat à la Cour ;

Contre : La société SGEC-Congo, RCCM N°..., siège social ... ;

Défenderesse, représentée par Maître EM..., avocat à la Cour ;

Objet : réparation du préjudice ;

Le procureur de la République près le tribunal de grande instance de G... (nom de la ville) ;

Vu les pièces du dossier de la procédure ;

Les faits de la cause

Par requête introductive en date du... par les soins de Maître Fi..., avocat à la Cour, les nommés LE... née AS..., IB..., PE... et ON..., de nationalité ..., tous domiciliés à ... (nom de la ville), saisissaient le tribunal de céans siégeant en matière administrative aux fins :

- De s'entendre condamner la société SGEC-CONGO, dont le siège social est sis au numéro... (adresse), sous la garantie de la société GR... son assureur, à leur payer les sommes de cinquante millions (50.000.000) de francs CFA à chacun, soit la somme totale de deux cent millions (200.000.000) de francs CFA, toutes causes de préjudice confondues ;
- D'ordonner l'exécution provisoire de la décision à intervenir nonobstant toutes voies de recours et sans caution ;
- De condamner la société SGEC-Congo aux dépens ;

Ils prétendent à l'appui de leur requête que le... (date), au volant du véhicule automobile de marque Toyota, type RAV4, immatriculé sous le numéro..., propriété de dame LE... née AS..., le nommé ON... son frère cadet circulait sur la route nationale, accompagné d'IB... et de PE... Arrivés aux environs de G... (nom de la ville), précisément au village..., ils s'étaient retrouvés inopinément dans une buse, suite au manque de panneaux de signalisation indiquant l'exécution des travaux entrepris par la société SGEC-Congo, afin d'orienter les usagers, avec la circonstance des dégâts tant corporels que matériels au préjudice des susnommés, ainsi qu'il ressort de l'extrait de main courante établi en date du... par le chef du Commissariat de police de G... (nom de la ville). Les dégâts corporels ayant été confirmés par les certificats médicaux établis par le professeur OK... précisant les taux d'incapacité des victimes, les dégâts matériels quant à eux devant être évalués après une expertise technique.

C'est pourquoi, ne pouvant être immobiles et pour sauvegarder leurs droits, les requérants s'estimaient fondés à s'adresser à la justice afin de s'entendre condamner la société SGEC-Congo, sous la garantie de la société GR... son assureur, à leur payer sur le fondement des articles 1240 (anc.1382) et 1241 (anc. 1383) du code civil la somme de cinquante millions (50.000.000) de francs CFA chacun, toutes causes de préjudice confondues.

En réplique à cette requête, la société SGEC-Congo, représentée et plaidant en la personne de Maître EM..., avocat à la Cour, a constaté des irrégularités entachant la procédure et a soulevé des exceptions ci-après :

- Sur l'incompétence ratione materiae du tribunal au motif pris de ce que les accidents intervenant pour cause de travaux publics ou à l'occasion desdits travaux relèvent de la compétence du juge administratif et non du juge civil ;
- Sur la communication des pièces en prétendant que certaines pièces produites par les requérants sont illisibles, tel l'extrait de main courante. Ensuite elle constate l'absence de certificats médicaux définitifs concernant IB... et PE... ;
- Sur l'irrecevabilité de la requête du fait de la violation par les requérants des dispositions de l'article 33 du code de procédure civile, commerciale, administrative et financière ;

  A cet effet, elle sollicite du tribunal l'application de l'article 181 du code de procédure civile, commerciale, administrative et financière et fait les demandes subsidiaires suivantes :

- Au principal, se déclarer incompétent ratione materiae ;
- Enjoindre les requérants à communiquer leurs pièces ;
- Déclarer la requête irrecevable et sans examen au fond et ;
- Purger les irrégularités constatées ;

En réaction aux demandes de la concluante, les requérants ont rejeté :

- D'une part, l'incompétence ratione materiae soulevée par la société SGEC-Congo au motif que celle-ci est une personne morale de droit privé ;
- D'autre part, l'irrecevabilité de la requête pour défaut de précision des prétendues mentions omises par les requérants.

Ils ont en outre communiqué un bordereau complémentaire des pièces à la concluante ;

Le ministère public est donc appelé à examiner les différents points soulevés par les parties ;

SUR QUOI LE MINISTERE PUBLIC

Attendu qu'après analyse des faits, moyens et prétentions des parties, le ministère public est appelé à se prononcer sur les exceptions soulevées in limine litis par la concluante notamment sur l'incompétence ratione materiae du tribunal, sur l'irrecevabilité de la requête et sur le défaut de communication des pièces par les requérants ;

1- Sur l'incompétence ratione materiae du tribunal de céans

Attendu que la société SGEC-Congo représentée par Maître EM…, avocat à la Cour, a conclu à l'incompétence ratione materiae du tribunal de grande instance de G… statuant en matière administrative ;

Attendu que le problème de droit qui se pose en l'espèce est celui de la recevabilité des actions portées contre une entreprise privée exécutant les travaux d'intérêt public dans le cadre d'un marché conclu avec l'Etat ;

Qu'il revient de savoir devant quelle juridiction une telle entreprise privée peut-elle être poursuivie pour ses agents par des tiers dans l'exécution desdits travaux ;

Attendu qu'il est constant, tant en jurisprudence qu'en doctrine que la construction des routes nationales a le caractère de travaux publics et appartient par nature à l'Etat ;

Que les marchés passés pour l'exécution de ces travaux sont soumis aux règles de droit public, sans qu'il y ait lieu de distinguer selon que la construction est assurée directement par une entreprise publique ou par une société privée agissant en pareil cas pour le compte de l'Etat ;

Qu'ainsi, quelles que soient les modalités adoptées pour la construction d'une route nationale, les marchés passés avec les entrepreneurs par l'administration ont le caractère de marchés publics ;

Qu'il n'est pas nécessaire qu'ils soient exécutés directement par l'Etat ;

Qu'ils peuvent l'être aussi bien par une personne privée ;

Que de ce fait, la juridiction administrative est compétente pour connaître des dommages causés aux tiers ou aux usagers dans le cadre de l'exécution de ces marchés ;

Attendu en outre que les requérants ont adressé leur requête au président du tribunal de grande instance de G... (nom de la ville) ;

Que l'article 69 de la n° 19-99 du 15 août 1999 modifiant et complétant certaines dispositions de la loi n° 022-92 du 20 août 1992 portant organisation du pouvoir judiciaire dispose que les tribunaux de grande instance sont compétents en matière sociale, administrative et commerciale dans les localités où ils n'existent pas de tribunaux de travail, de tribunaux administratifs et de tribunaux de commerce ;

Qu'au regard de tout ce qui précède, il convient de dire que la présente procédure qui oppose les requérants à la société SGEC-Congo relève incontestablement de la compétence du tribunal de grande instance de G... ;

Qu'en conséquence, il y a lieu de rejeter l'exception d'incompétence ratione materiae soulevée in limine litis par la société SGEC-Congo ;

2- **Sur l'irrecevabilité de la requête introductive d'instance**

Attendu que la société SGEC-Congo excipe la violation de l'article 33 du Code de procédure civile, commerciale, administrative et financière faisant état des mentions que doit contenir une requête introductive ;

Qu'en principe l'absence de certaines mentions énumérées par l'article 33 du CPCCAF sus-évoqué ne saurait entraîner l'irrecevabilité d'une requête dans la mesure où aucune sanction allant dans ce sens n'y a été prévue ;

Quoi qu'il en soit, il s'agira d'enjoindre les requérants à compléter toutes les mentions que la société SGEC-Congo estime nécessaire pour sa défense au fond ;

Attendu en outre que la non résidence des requérants à G... (nom de la ville) évoquée par la société SGEC-Congo ne peut également prospérer, étant donné que les dispositions du code de procédure civile, commerciale, administrative et financière énoncent clairement que la demande peut être portée devant le tribunal du lieu où le fait dommageable s'est produit ;

Que c'est à bon droit que les requérants ont exercé leur action devant le tribunal de céans, en élisant comme domicile le cabinet de maître Fi..., avocat au barreau de B...(nom de la ville) ;

Que de même, les mentions tenant à la forme de la société, au numéro d'inscription au registre du commerce et du crédit mobilier et au capital social, ont été régularisées comme l'en témoignent les pièces au dossier de la présente procédure ;

Qu'au regard de tout ce qui précède, le tribunal rejettera la demande d'irrecevabilité formulée par la concluante ;

3- **Sur l'exception de communication des pièces**

Attendu que dans ses conclusions en date du..., la société SGEC-Congo a soulevé une exception de communication des pièces supplémentaires comportant un extrait de main courante, ainsi que des certificats médicaux définitifs de IB…, ON... et PE…, en tenant compte des observations faites par la partie défenderesse ;

Que la société SGEC-Congo ne contestant pas cela, il échet de dire que l'exception de communication des pièces soulevée par la société SGEC-Congo n'a plus d'objet ;

Qu'il y a lieu de la rejeter ;

En conséquence

Vu ce qui précède ;

Conclut qu'il plaise à monsieur le président et messieurs les juges composant le tribunal :

- Déclarer la société SGEC-Congo recevable en ses conclusions ;
- Se déclarer compétent de connaître le litige né entre la société SGEC-Congo et les requérants ;
- Dire et juger recevable la requête introductive par les requérants ;
- Constater la communication des pièces par les requérants ;
- Enjoindre la concluante SGEC-Congo à conclure au fond ;
- réserver les dépens./

Fait au parquet, le … (date)

Le Procureur de la République

Conclusions n°2

Injonction à conclure sur le fond du litige

Affaire LE... et autres C/ l'Etat congolais

COUR D'APPEL DE B... (Nom de la ville)
TRIBUNAL DE GRANDE INSTANCE DE B...
(Nom de la ville)
PARQUET DU PROCUREUR DE LA
REPUBLIQUE
N °______/...........

RÉPUBLIQUE DU CONGO
Unité*Travail*Progrès

CONCLUSIONS DU MINISTERE PUBLIC

Affaire : LE... et autres (noms, prénoms, profession, situation matrimoniale, nationalité et domicile), tous agents de la fonction publique ayant élu domicile au cabinet de leur conseil, maître DJ..., avocat à la Cour ;

Contre : L'Etat congolais, pris en la personne de son représentant légal, monsieur le garde des sceaux, ministre de la Justice, ayant pour conseil maître DE..., avocat à la Cour ;

Objet : Reconstitution de carrière ;

Le procureur de la République près le tribunal de grande instance de B... (nom de la ville) ;

Vu l'entier dossier communiqué ;

Les faits de la cause

Attendu qu'il en résulte que par requête en date du ..., sieur LE... et autres ont, par le biais de leur avocat, saisi le tribunal de grande instance de céans, siégeant en matière administrative :

« Pour l'audience advenue :

« Constater que LE… et autres ont été déclarés échoués par erreur au CIA session … (année) ;

« Constater la mauvaise foi de l'administration qui n'a daigné régulariser la situation des requérants tous déclarés échoués par erreur ;

« Ordonner la reconstitution de leurs carrières respectives en tenant compte de leur ancienneté et différents diplômes obtenus ;

« Condamner l'Etat à payer à chacun des requérants la somme de dix-huit millions (18.000.000) de francs CFA en réparation de l'énorme préjudice subi ;

« Ordonner l'exécution provisoire du jugement à intervenir nonobstant toutes voies de recours, avant enregistrement et sans caution ;

« Statuer de droit sur les dépens.» ;

Qu'ils soutiennent avoir été déclarés « échoués par erreur », par le commandement de l'armée de terre à la suite de leur formation pour l'obtention du certificat inter armé (CIA), courant l'année … ;

Que la commission d'enquête mise en place, à cet effet, avait corroboré leurs allégations ;

Qu'en toute objectivité, la commission avait conclu à la réparation de la faute de l'administration, par la réhabilitation des candidats échoués par erreur ;

Que saisie, à cet effet, suivant demande préalable reçue le … (date) sous le n°0754/MJAM, l'administration par le biais du ministère de la Justice a entretenu un long silence qui vaut rejet, alors qu'elle pouvait s'inspirer d'un précédent concernant la situation des candidats échoués par erreur au CIA de … (année), laquelle a été régularisée par note de service n°0013/PR/MDN/DIE du … (date) ;

Que de toute évidence, le refus par l'administration de réparer une erreur matérielle par la publication d'une liste additive, des admis au CIA session ... (année), constitue une faute ;

Que de plus, ce drame des candidats échoués par erreur comporte en soi des incidences négatives sur la carrière de chacun des requérants qui depuis quatre (4) ans n'ont pas avancé en grade ;

Qu'en application du décret n°70/357 du 25 novembre 1970 relatif aux avancements dans la force publique, il convient de nommer au grade de lieutenant, les requérants ci-après titulaires d'un diplôme d'officier :

- Sergent OK............, BAT1 ABC (24 ans de service) ;
- Sergent TS............, BAT1 ABC (22 ans de service) ;
- Sergent GB............, BAT2 ABC (22 ans de service) ;
- Sergent MA............, BAT2 (22 ans de service) ;
- Sergent MA............, BAT2 AMO (21 ans de service) ;
- Sergent NG............, BA1 AAA (21 ans de service) ;
- Sergent OY............, BT1 (21 ans de service) ;
- Sergent SI............, BT1 (21 ans de service) ;
- Sergent DI............, BT2 (18 ans de service) ;
- Sergent YO............, BA1 (10 ans de service) ;
- Sergent ND............, BA1 (10 ans de service) ;

Au grade d'adjudant-chef :

- Sergent IS............, CIA (24 ans de service) ;
- Sergent NG........., CIA (24 ans de service) ;

Attendu qu'en réponse à ces prétentions, l'Etat congolais excipe l'exception d'incompétence du juge du plein contentieux pour statuer sur les résultats d'un examen ;

Que si les résultats d'un examen ou d'un concours sont contestés, seul le juge de l'annulation a compétence pour valider ou annuler lesdits résultats ; la publication des résultats constituant un acte administratif ;

Qu'il convient de renvoyer les requérants à se pourvoir devant la chambre administrative de la Cour suprême ;

Attendu qu'en réplique, les requérants soutiennent que l'objet de leur demande porte, non pas sur l'annulation des résultats du CIA session … (année), mais sur la reconstitution de leurs carrières dont l'évolution normale a été scandaleusement compromise par la faute de l'administration ;

Qu'incontestablement, leur demande n'a pas un autre objet que la reconstitution de leurs carrières ;

Que par conséquent, le juge du plein contentieux est compétent ;

Attendu que le tribunal est ainsi appelé à se prononcer sur l'exception d'incompétence soulevée par l'Etat congolais ;

<u>SUR QUOI LE MINISTERE PUBLIC :</u>

<u>Sur l'exception d'incompétence excipée par l'Etat Congolais</u>

Attendu que LE… et autres ont saisi le juge du plein contentieux aux fins de s'entendre condamner l'Etat congolais à reconstituer leurs carrières dont l'évolution a été compromise par la faute de l'administration qui les avait déclarés échoués par erreur ;

Qu'a contrario, l'Etat congolais soulève l'exception d'incompétence au motif que la formation de jugement saisie n'est pas compétente pour se prononcer sur l'irrégularité d'un acte administratif ;

Mais attendu que la demande de LE… et autres qui s'estiment victimes d'une faute administrative, porte sur la reconstitution de leurs carrières et non sur l'appréciation des résultats de l'examen d'obtention du CIA, session … (année) ;

Que cet objet, tel que circonscrit par les parties, n'échappe pas à la compétence du juge du plein contentieux qui a été en la cause saisie ;

Qu'ainsi, il échet de rejeter les prétentions de l'Etat congolais sur l'incompétence du juge saisi et de le mettre en demeure de conclure sur le fond du litige ;

EN CONSEQUENCE

Vu les articles 179 et 181 de la loi n°51-83 du 21 avril 1983 portant Code de procédure civile, commerciale, administrative et financière ;

Conclut qu'il plaise au tribunal :

- Rejeter l'exception d'incompétence soulevée par l'Etat congolais ;
- Se déclarer compétent ;
- Mettre en demeure l'Etat congolais de conclure sur le fond du litige ;
- Réserver les dépens./-

Fait au parquet, le… (date)

Le Procureur de la République

Conclusions n°3

Injonction de restituer la requête introductive d'instance

Affaire MP… C/ L'Etat congolais

COUR D'APPEL DE B… (Nom de la ville)

TRIBUNAL DE GRANDE INSTANCE DE B…

(Nom de la ville)

PARQUET DU PROCUREUR DE LA

REPUBLIQUE

N °______/…………

RÉPUBLIQUE DU CONGO

Unité*Travail*Progrès

CONCLUSIONS DU MINISTERE PUBLIC

Affaire : MP… (noms, prénoms, profession, situation matrimoniale, nationalité et domicile), ayant pour conseil maître Di…, avocat à la Cour ;

Contre : L'Etat congolais, pris en la personne de son représentant légal, monsieur le garde des sceaux, ministre de la Justice, ayant pour conseil maître MO…, avocat à la Cour ;

Objet : Reconstitution de carrière et assignation en paiement ;

Le procureur de la République près le tribunal de grande instance de B… (nom de la ville) ;

Vu les pièces du dossier communiqué pour conclusions du ministère public ;

Les faits de la cause

Attendu que l'examen dudit dossier révèle le défaut de la requête introductive d'instance ;

Que cette pièce a été retirée, pour consultation, par le conseil de l'Etat congolais, maître MO… en date du … tel qu'il résulte de la mention de retrait figurant sur la chemise du dossier ;

Que depuis elle n'a pas été restituée ;

Attendu que cette pièce qui contient l'exposé des prétentions du requérant est nécessaire pour l'analyse du ministère public ;

Qu'il y a lieu de procéder à la mise en état du dossier en ordonnant la restitution de la requête introductive d'instance ;

EN CONSEQUENCE :

Vu les dispositions combinées des articles 140 et 179 de la loi n°51-83 du 21 avril 1983 portant code de procédure civile, commerciale, administrative et financière ;

Requiert qu'il plaise au tribunal, avant-dire droit, d'ordonner la restitution, par maître MO..., de la requête introductive d'instance ;

Nous renvoyer ultérieurement la procédure pour nos conclusions au fond./-

Fait au parquet, le.......(date)

Le Procureur de la République

Conclusions n°4

Injonction de communication des pièces justifiant les prétentions du requérant

Affaire NT… C/ L'Etat congolais

COUR D'APPEL DE B… (Nom de la ville)

TRIBUNAL DE GRANDE INSTANCE DE B… (Nom de la ville)

PARQUET DU PROCUREUR DE LA REPUBLIQUE

N °______/...........

RÉPUBLIQUE DU CONGO
Unité*Travail*Progrès

CONCLUSIONS DU MINISTERE PUBLIC

Affaire : NT… (noms, prénoms, profession, situation matrimoniale, nationalité et domicile), ayant pour conseil maître GO…, avocat à la Cour ;

Contre : L'Etat congolais, pris en la personne de son représentant légal, monsieur le garde des sceaux, ministre de la Justice, ayant pour conseil maître DE…, avocat à la Cour ;

Objet : Reconstitution de carrière et assignation en paiement ;

Le procureur de la République près le tribunal de grande instance de B… (nom de la ville) ;

Vu les pièces du dossier ;

Les faits de la cause

Attendu que par une requête en date du …, sieur NT… a assigné l'Etat congolais par devant la 2e chambre civile du tribunal de grande instance de Céans aux fins d'ordonner la reconsidération de l'Etat congolais au paiement d'une somme de deux cent cinquante-deux millions (252.000.000) de francs CFA de dommages-intérêts, toutes causes de préjudices confondues ;

Qu'il soutient à l'appui de sa requête qu'il a été recruté à l'ambassade du Congo à Bangui en qualité de Secrétaire dactylographe en 1972 ;

Qu'il a par la suite été intégré dans la fonction publique en qualité de commis contractuel en 1977 suivant arrêté n°6611/MJT/DGT/DGT/DCGP du 24août 1977 ;

Qu'aussi a-t-il régulièrement exercé ses fonctions comme agent diplomatique assimilé à l'ambassade susdite ;

Que sa situation professionnelle n'a guère évolué en dépit de ses 23 années de service ;

Qu'il n'a pas été rémunéré conformément aux textes en vigueur régissant la rémunération des agents diplomatiques ;

Que c'est ainsi qu'il n'a perçu que cinquante mille (50.000) francs CFA par mois ;

Que tous les recours qu'il a entrepris pour obtenir reconstitution de sa carrière sont restés sans suite positive ;

Mais attendu qu'en réplique l'Etat congolais par le biais de son conseil a conclu au rejet des réclamations de NT… ;

Qu'en effet, il allègue que ce dernier avait été embauché localement et n'a jamais été intégré dans les cadres du personnel diplomatique et consulaire ;

Que si le requérant persiste à soutenir le contraire, il lui appartient de verser aux débats les documents lui permettant de revendiquer son recrutement dans la fonction publique et son rattachement au cadre du personnel diplomatique et consulaire de la République du Congo ;

Attendu que le requérant prétend qu'il a été agent de l'Etat et avait servi à l'ambassade du Congo à Bangui, respectivement en qualité de : attaché aux affaires consulaires, attaché aux affaires académiques, ainsi qu'attaché aux affaires administratives, du personnel et des finances ;

Que malheureusement ce dernier n'a point produit aux débats des pièces pouvant corroborer ses prétentions ;

Que la production desdites pièces est nécessaire au dénouement de la présente instance ;

Qu'à défaut de ces pièces, le tribunal de céans ne peut analyser les prétentions de NT… ;

<u>En conséquence :</u>

Vu les dispositions combinées des articles 140 et 179 de la loi n°51-83 du 21 avril 1983 portant code de procédure civile, commerciale, administrative et financière ;

Requiert qu'il plaise au tribunal, avant-dire droit, ordonner la production, par le requérant, des pièces justifiant ses prétentions ;

Nous renvoyer ultérieurement la procédure pour nos conclusions au fond./-

Fait au parquet, le… (date)

Le Procureur de la République

Conclusions n°5

Injonction de communication des pièces

Affaire MA… C/ L'Etat congolais

COUR D'APPEL DE B… (Nom de la ville)	RÉPUBLIQUE DU CONGO
TRIBUNAL DE GRANDE INSTANCE DE B… (Nom de la ville)	Unité*Travail*Progrès
PARQUET DU PROCUREUR DE LA REPUBLIQUE	-------------
N °_____/…………	

CONCLUSIONS DU MINISTERE PUBLIC

Affaire : MA… (noms, prénoms, profession, situation matrimoniale, nationalité et domicile), ayant pour conseil maître KI…, avocat à la Cour ;

Contre : L'Etat congolais, pris en la personne de son représentant légal, monsieur le garde des sceaux, ministre de la Justice, ayant pour conseil maître DE…, Avocat à la Cour ;

Objet : Reconstitution de carrière et assignation en paiement ;

Le procureur de la République près le tribunal de grande instance de B… (nom de la ville) ;

Vu le dossier communiqué et l'ensemble des conclusions échangées entre les parties ;

Les faits de la cause

Attendu qu'il en résulte que par requête en date du …, MA… a assigné l'Etat congolais en reconstitution de carrière et en indemnisation par devant le tribunal de Céans ;

Qu'à l'appui de sa requête, il prétend avoir été épuré de l'Armée populaire nationale (APN) et réhabilité au sein des

Forces armées congolaises (FAC) au grade d'adjudant en 1977, suivant arrêté n°3563/MDN/FAC/EMG/DPMA ;

Qu'il fait constater que la reconstitution de sa carrière a été effectuée au mépris des dispositions du décret n°70/357 du 25 novembre 1970 portant avancement dans l'armée ;

Qu'il considère que si ce décret avait été appliqué convenablement, son avancement se serait effectué ainsi :

- Adjudant....................................1977 ;
- Adjudant-chef..............................1979 ;
- Sous-lieutenant...........................1981 ;
- Lieutenant...................................1983 ;
- Capitaine....................................1986 ;
- Commandant...............................1990 ;
- Colonel.......................................1995 et au-delà ;

Qu'en outre il prétend que sa carrière n'a pas été reconstituée conformément à l'acte n°32 du 18 juin 1991 autorisant la reconstitution des carrières des militaires épurés ;

Qu'il précise qu'il avait saisi en vain par voie hiérarchique, tour à tour, le chef d'Etat-major en date du … et monsieur le ministre de la Défense nationale, en date du … ;

Qu'il ajoute qu'en date du …, il adressait une requête préalable au garde des sceaux, ministre de la Justice, qui demeure sans suite ;

Que c'est pourquoi il s'estime fondé à s'adresser au tribunal de céans pour obtenir la reconstitution de sa carrière et la réparation du préjudice subi ;

Attendu qu'en réponse l'Etat congolais excipe l'exception de communication de pièces ;

Qu'il souligne en effet qu'à l'appui de sa réclamation, le requérant prétend avoir été épuré de l'APN et avait été réhabilité au sein des FAC au grade d'adjudant en 1977, suivant arrêté n°3563/MDN/FAC/EMG/DPMA ;

Qu'il fait observer que depuis le ... (date), il était demandé au requérant la communication de l'arrêté suscité, pièce essentielle de son argumentation ;

Qu'à ce jour, il indique que la pièce réclamée n'a toujours pas été communiquée ;

Qu'il s'estime donc fondé à soulever l'exception de communication des pièces ;

Attendu qu'en réplique, MA....... conclut au rejet des demandes de la partie adverse ;

Qu'il soutient que l'arrêté n°3563/MDN/FAC/DPMA de ... (année), n'est pas nécessaire quant au jugement à intervenir, ledit document concerne seulement l'inscription au tableau d'avancement ;

Que dès lors, il estime qu'il échet d'enjoindre la partie adverse de conclure au fond, à défaut, il sera fait bonne justice de constater sa défaillance ;

Attendu qu'à cette réplique, l'Etat congolais a réitéré ses conclusions en précisant que le requérant conteste le grade qui lui aurait été attribué en application de l'arrêté n°3563/MDN/FAC/EMG/DPMA ;

Que le juge administratif ne saurait donc apprécier la légalité dudit arrêté si celui-ci n'est pas versé aux débats ;

SUR QUOI LE MINISTERE PUBLIC

Attendu qu'il résulte de l'examen des pièces du dossier que le requérant MA... a été épuré de l'Armée populaire nationale et a été réhabilité dans les Forces armées congolaises, suivant arrêté n°3563/MDN/FAC/EMG/DPMA de ... (année) ;

Que malheureusement cette pièce essentielle sur laquelle il fonde ses prétentions n'est pas communiquée à la partie adverse qui l'a toujours réclamée ;

Que dans l'intérêt d'une bonne administration de la justice, la communication de cette pièce s'impose ;

EN CONSEQUENCE

Vu les dispositions de l'article 179 de la loi n°51-83 du 21 avril 1983 portant code de procédure civile, commerciale, administrative et financière ;

Conclut qu'il plaise au tribunal, avant-dire droit, d'ordonner la communication par le requérant de l'arrêté n°3563/MDN/FAC/EMG/DPMA de … (année) ;

Nous renvoyer ultérieurement la procédure pour nos conclusions au fond./-

Fait au parquet, le… (date)

Le Procureur de la République

Conclusions n°6

Injonction à conclure au fond

Affaire sieur LO... C/ l'Etat Congolais

COUR D'APPEL DE B... (Nom de la ville)	RÉPUBLIQUE DU CONGO
TRIBUNAL DE GRANDE INSTANCE DE B... (Nom de la ville)	Unité*Travail*Progrès
PARQUET DU PROCUREUR DE LA REPUBLIQUE	-------------
N °______/...........	

CONCLUSIONS DU MINISTERE PUBLIC

Affaire : Sieur LO... (nom, prénoms, profession, situation matrimoniale, nationalité et domicile), ayant pour conseil maître NK..., avocat à la Cour ;

Contre : L'Etat congolais, pris en la personne de son représentant légal, monsieur le garde des sceaux, ministre de la Justice, ayant pour conseil maître MO..., avocat à la Cour ;

Objet : Assignation en indemnisation et restitution d'une parcelle ;

Le procureur de la République près le tribunal de grande instance de B... (nom de la ville) ;

Vu la requête introductive en date du... de sieur LO... ;

Vu les écritures échangées entre les parties ;

Les faits de la cause

Attendu qu'il résulte que sieur LO... prétend avoir subi un important préjudice du fait de l'occupation illégale par la police nationale depuis la fin de la guerre dite du « ...» (date), de son immeuble sis n°... (adresse) à ... (nom du quartier) et sollicite du tribunal de céans, la restitution dudit immeuble puis le paiement des dommages-intérêts en réparation de ce préjudice par l'Etat congolais ;

Que par contre l'Etat congolais excipe l'exception d'irrecevabilité pour défaut de qualité du requérant LO…, au motif que la propriété dudit immeuble a été transférée au nommé TH… à la suite de la vente conclue entre ces parties ;

Qu'il appartient donc au nouveau propriétaire de saisir le tribunal ;

SUR QUOI LE MINISTERE PUBLIC

Sur l'exception d'irrecevabilité :

Attendu que l'article 481 du code de procédure civile, commerciale, administrative et financière dispose que : « Nul ne peut ester en justice s'il n'a qualité, capacité et intérêt à le faire » ;

Qu'en l'espèce, l'occupation sans droit par la police nationale de l'immeuble sis n°… (adresse) à … (nom du quartier), transformé en commissariat de police de quartier, a une incidence sur la situation personnelle du requérant LO…, qui se trouvera améliorée si cette illégalité disparaît ;

Qu'en effet, bien qu'ayant vendu sa propriété à monsieur TH…, le requérant ne jouit pas du fruit de cette vente en raison du trouble de jouissance causé au nouveau propriétaire qui conditionne le paiement du prix à l'entrée en jouissance totale du bien acquis et menace de résilier le contrat de vente si cette condition n'est pas perpétuelle ;

Qu'en vertu donc de cet intérêt objectif pour LO… à ester en justice, il convient de rejeter l'exception d'irrecevabilité soulevée par l'Etat congolais et l'enjoindre à conclure au fond ;

EN CONSEQUENCE

Vu l'article 481 du code de procédure civile, commerciale, administrative et financière ;

Conclut qu'il plaise au tribunal :

- Déclarer recevable la requête de sieur LO… ;
- Enjoindre l'Etat Congolais à conclure au fond./-

Fait au parquet, le… (date)

Le procureur de la République

Conclusions n°7

Incompétence du tribunal d'instance

Affaire : ON... c/ l'Etat congolais

COUR D'APPEL DE B... (Nom de la ville)

TRIBUNAL D'INSTANCE DE P... M... (NOMS DES ARRONDISSEMENTS)

PARQUET DU PROCUREUR DE LA REPUBLIQUE

N °______/...........

RÉPUBLIQUE DU CONGO

Unité*Travail*Progrès

CONCLUSIONS DU MINISTERE PUBLIC

Affaire : ON... (noms, prénoms, profession, situation matrimoniale, nationalité et domicile), représenté et plaidant par le cabinet d'avocats associés DJ... et OB..., Avocats à la Cour ;

Contre : L'Etat congolais, pris en la personne de son représentant légal, monsieur le garde des sceaux, ministre de la Justice, ayant pour conseils Maîtres ND... et Ki..., avocats associés ;

Objet : Assignation en paiement ;

Le procureur de la République près le tribunal de grande instance de P... M... (noms des arrondissements) ;

Vu l'entier dossier communiqué ;

Les faits de la cause

Attendu qu'il en résulte que par requête introductive d'instance, en date du...., sieur ON... a saisi, par l'entremise de ses avocats, le tribunal d'instance de céans, aux fins de :

- Condamner l'Etat congolais à lui payer les sommes suivantes :
  - 820.000 FCFA au principal ;

- 10.000.000 FCFA à titre de dommages-intérêts, toutes causes de préjudice confondues ;

- Ordonner l'exécution provisoire du jugement à intervenir, nonobstant toutes voies de recours, sans caution ;
- Condamner l'Etat congolais aux dépens en ce compris les frais et émoluments taxés de l'avocat ;

Qu'au soutien de sa requête, sieur ON... expose :

Que courant les mois de décembre ... (année) et mars ... (année), la résidence officielle de l'ambassade du Congo en Afrique du Sud s'était vue suspendre la consommation du courant électrique pour non-paiement des factures y relatives, ce, en l'absence de son excellence monsieur l'ambassadeur KO... ;

Que nonobstant les démarches entreprises auprès des autorités consulaires en poste à Pretoria, celles-ci répondent que la chancellerie traversait une crise financière drastique ;

Que c'est ainsi que dans un sursaut patriotique, dans l'intérêt de sauvegarder l'image de marque du Congo en terre étrangère, le requérant en sa qualité de personnel local en poste à Pretoria et domicilié à la résidence officielle, avait résolu après consultation et accord des autorités consulaires, de payer lesdites factures, et se faire rembourser en temps opportun par la chancellerie ;

Que par les deux mois de frais d'électricité il avait payé en tout et pour tout la somme totale de huit cent vingt mille (820.000) francs CFA ;

Que cette somme a été reconnue par la chancellerie suivant correspondances des ... (date) et ... (date) ;

Que de la correspondance adressée par le secrétaire général à monsieur l'ambassadeur extraordinaire et plénipotentiaire de la République du Congo en République d'Afrique du Sud, on peut lire ce qui suit : « Comme suite à la seconde requête du ... (date) par laquelle monsieur ON..., précédemment personnel local à l'ambassade du Congo à Pretoria, sollicite le remboursement de ses fonds propres qu'il a exposés pour couvrir les frais d'électricité de la chancellerie ;

J'ai l'honneur de vous demander de bien vouloir prendre toutes les dispositions nécessaires en ce sens » ;

Que dans la deuxième correspondance du secrétaire général à son excellence monsieur l'ambassadeur de la République du Congo à Pretoria (Afrique du Sud) du … (date), on peut extraire ce qui suit : « Suite à la lettre en date du … par laquelle monsieur ON… avait bien voulu solliciter le remboursement des frais des factures d'électricité sur fonds personnels courant mois de décembre … (année) et mars … (année) pour le compte de l'ambassadeur, je tiens à vous préciser que les différents crédits alloués à chaque ambassade par le gouvernement prennent également en compte les frais d'électricité et qu'il ne lui revenait pas de couvrir ces dépenses ;

Cette réclamation est par conséquent justifiée et doit être prise en compte et soldée dans le cadre des crédits de l'ambassade » ;

Que c'est pourquoi le requérant a bien voulu s'adresser à la justice afin d'obtenir paiement de cette somme en principal assortie des dommages-intérêts ;

Attendu que l'Etat congolais en réponse a conclu, au principal, au rejet des prétentions du sieur ON… et subsidiairement à une mesure d'enquête ;

Qu'il justifie son rejet en soutenant que l'Etat c'est-à-dire le gouvernement de la République comptable de ses deniers, ne peut ordonner une dépense publique ou une affectation de dépense qu'une fois concernant l'exercice de chaque budget annuel de l'Etat ;

Qu'à l'examen de la correspondance du … (année) de monsieur le secrétaire général adressée à monsieur l'ambassadeur de la République du Congo à Pretoria, il appert que cette créance n'était plus exigible à l'Etat et devrait être soldée dans le cadre des crédits alloués à l'ambassade ;

Que subsidiairement, les prétentions des deux (2) parties étant opposées, il importe d'ordonner un transport au ministère des affaires étrangères pour éclairer le tribunal sur la réalité du litige et sur la mise à disposition de l'ambassade ou non des crédits dont créance et sur le mode de règlement de telles créances domestiques ;

Attendu qu'en réplique, monsieur ON… confirme le bien-fondé de ses prétentions et rejette la mesure d'enquête sollicitée par l'Etat congolais ;

Mais attendu qu'il résulte de l'examen de l'entier dossier qu'avant de statuer sur les mérites des prétentions des parties au procès, le juge saisi est appelé à se prononcer ou à cerner la nature du contentieux qui lui est soumis puis à se déterminer sur sa compétence ;

SUR QUOI LE MINISTERE PUBLIC :

Sur la nature du contentieux et l'incompétence du tribunal d'instance

Attendu que monsieur ON…, par la présente procédure, a assigné l'Etat congolais par l'entremise du ministère des Affaires étrangères, en paiement d'une créance, en principal et dommages-intérêts, représentant les frais de consommation du courant électrique de l'ambassade du Congo à Pretoria ;

Qu'il a saisi, pour ce faire, le tribunal d'instance de P… M… (noms des arrondissements) ;

Mais attendu que l'examen du dossier révèle qu'il s'agit en l'espèce d'un contentieux obéissant aux règles du droit administratif dont la compétence est reconnue, de façon générale, aux tribunaux administratifs et la connaissance dévolue au juge administratif ;

Que les textes législatifs en vigueur, notamment la loi n°19-99 du 15 août 1999 modifiant et complétant certaines dispositions de la loi n°022-92 du 20 août 1992 portant organisation du pouvoir judiciaire, ne reconnaissent pas au juge d'instance des compétences en matière administrative ;

Qu'à défaut d'une juridiction administrative, cette compétence est reconnue au tribunal de grande instance qui peut seul suppléer le juge administratif ;

Qu'ainsi, le juge d'instance qui a été saisi, en l'espèce, doit se déclarer incompétent ;

<u>EN CONSEQUENCE</u>

vu les dispositions des chapitres V, VI et VIII de la loi n°19-99 du 15 août 1999 modifiant et complétant certaines dispositions de la loi n°022-92 du 20 août 1992 portant organisation du pouvoir judiciaire ;

Conclut qu'il plaise au tribunal :

- Constater que le litige qui lui est soumis relève du droit administratif ;
- Se déclarer incompétent

Fait au parquet, le……. (date)

Le Procureur de la République

Conclusions n° 8

Incompétence du Tribunal de grande instance

Affaire MP… C/ la société nationale d'électricité SNE

COUR D'APPEL DE B… (Nom de la ville)

TRIBUNAL DE GRANDE INSTANCE DE B…

(Nom de la ville)

PARQUET DU PROCUREUR DE LA REPUBLIQUE

N °______/…………

RÉPUBLIQUE DU CONGO

Unité*Travail*Progrès

CONCLUSIONS DU MINISTERE PUBLIC

Affaire : MP… (nom, prénoms, profession, situation matrimoniale, nationalité et domicile) ;

Contre : La Société nationale d'électricité (S.N.E), ayant pour conseil cabinet d'avocat BA… ;

Objet : Assignation en paiement ;

Le procureur de la République près le Tribunal de grande instance de B… (nom de la ville) ;

Vu l'entier dossier communiqué ;

Les faits de la cause

Attendu qu'il en résulte que par requête en date du…, sieur MP… a assigné la Société nationale d'électricité (S.N.E) devant le Tribunal de grande instance de céans, en paiement de la somme de sept cent quatre-vingt-deux mille six cent quarante (782.640) francs CFA au principal et celle de trois millions (3.000.000) de francs CFA à titre de dommages- intérêts ;

Qu'il soutient que cette somme découle d'une facture impayée par la SNE, en dépit de multiples réclamations et rappels, à la suite des travaux de réparation et d'entretien effectués par son établissement «Technicool» sur les établissements climatiseurs du poste haute tension (HT) et très haute tension (THT) de MB… (nom de la ville) ;

Attendu qu'en réponse à ces prétentions, la Société nationale d'électricité excipe l'exception d'incompétence du Tribunal de grande instance pour connaître de ce litige ;

Qu'elle souligne que l'action du requérant porte sur une créance dont le montant en capital est de sept cent quatre-vingt-deux mille six cent quarante (782.640) francs CFA ; or l'article 62 alinéa 2 de la loi n°19-99 du 15 août 1999, portant organisation du pouvoir judiciaire fixe la valeur de la demande pouvant déterminer la compétence des tribunaux de grande instance à un million (1.000.000) de francs CFA ;

Qu'en considération de cette valeur, le requérant en s'adressant au Tribunal de grande instance de B… s'est adressé à un tribunal incompétent ratione valoris ;

Attendu qu'en réplique, le requérant MP… soutient qu'en plus du montant fixé par la loi pour déterminer la compétence du Tribunal de grande instance, ce dernier a également une compétence de principe pour régler toutes les affaires, même des actions civiles en paiement des sommes inférieures à un million (1.000.000) de francs CFA ;

Que dans la pratique, et selon une jurisprudence constante, lorsqu'il y a difficulté de déterminer le tribunal d'instance compétent, le tribunal de grande instance devient alors compétent en raison de la compétence ratione materiae, même si la valeur de la créance est inférieure à celle indiquée à l'alinéa 2 de l'article 62 de la loi n°19-99 du 15 août 1999, portant organisation du pouvoir judiciaire ;

Que dans ces circonstances, la compétence du tribunal de grande instance s'étend même aux matières que la loi attribue expressément aux tribunaux d'instance ;

Que c'est ce qui l'a conduit à saisir le tribunal de grande instance pour se faire payer ;

Attendu que le juge est ainsi appelé à se prononcer sur l'exception d'incompétence soulevée par la société nationale d'électricité ;

SUR QUOI LE MINISTERE PUBLIC

Sur l'exception d'incompétence excipée par la société nationale d'électricité

Attendu que la compétence des tribunaux de grande instance en matière civile est définie par l'article 62 de la loi n°19-99 du 15 août 1999 portant organisation du pouvoir judiciaire ;

Que cet article confère aux tribunaux de grande instance la connaissance, en premier ressort et à charge d'appel, de toutes les actions civiles dont le montant en capital est supérieur à 1.000.000 de francs et 300.000 francs CFA en revenus, rente ou prix de bail ;

Qu'il en découle que cette compétence sera écartée lorsque le montant de la demande en capital est faible ou inférieur à 1.000.000 de francs CFA, au profit des tribunaux d'instance ;

Attendu que MP... a saisi le tribunal de grande instance de B.... d'une action en paiement d'une créance dont le montant est inférieur à un million (1.000.000) de francs CFA ;

Qu'en considération de cette valeur et des dispositions de l'article 62 précité, le tribunal saisi est incompétent pour statuer sur les prétentions de MP..... ;

EN CONSEQUENCE

Vu les dispositions de l'article 62 de la loi n°19-99 du 15 août 1999 modifiant et complétant certaines dispositions de la loi n°022-92 du août 1992 portant organisation du pouvoir judiciaire ;

Conclut qu'il plaise au tribunal de grande instance de B... :

- Recevoir l'exception d'incompétence soulevée par la société nationale d'électricité ;
- Se déclarer incompétent ratione valoris ;
- Condamner le requérant aux dépens./-

Fait au parquet, le... (date)

Le procureur de la République

Conclusions n° 9

Incompétence du Tribunal administratif

Affaire succession TA... C/ le chemin de fer Congo-Océan

COUR D'APPEL DE P... (Nom de la ville)

TRIBUNAL ADMINISTRATIF DE P... (Nom de la ville)

PARQUET DU PROCUREUR DE LA REPUBLIQUE

N °______/............

RÉPUBLIQUE DU CONGO

Unité*Travail*Progrès

CONCLUSIONS DU MINISTERE PUBLIC

Affaire : Succession TA..., représentée par dame TC... (noms, prénoms, profession, situation matrimoniale, nationalité et domicile), ayant pour conseil maître ON..., avocat à la Cour ;

Contre : Le chemin de Fer Congo-océan (CFCO), établissement public à caractère industriel et commercial, sis à P... (nom de la ville);

Elisant domicile en l'étude de maître TS..., avocat à la Cour ;

Objet : Réparation d'un préjudice ;

Le procureur de la République près le tribunal administratif de P... (nom de la ville) ;

Vu le dossier de la procédure communiquée à notre parquet pour nos conclusions ;

Les faits de la cause

Attendu que par requête introductive en date à P... (nom de la ville), représentée par dame TC..., a saisi le juge civil du tribunal de grande instance de P... (nom de la ville) aux fins de s'entendre condamner le CFCO à lui verser une indemnité réparant le préjudice subi à la suite du décès du nommé TA..., survenu après collusion de deux (02) trains ;

Attendu qu'au soutien de sa requête, elle exposait que le de cujus était agent du Chemin de fer Congo-Océan où il exerçait en qualité de conducteur de train ; en date du ..., le train conduit par le de cujus et autres rentrait en collusion, causant ainsi la mort de TA... ; le CFCO s'était acquitté du paiement du capital décès tel que prévu par la convention collective ; estimant que c'est du fait du CFCO d'avoir laissé circuler deux (02) trains en sens inverse sur une même ligne, dame TC..., se fondant sur les dispositions de l'article 98 du code de sécurité sociale, demandait réparation du préjudice subi après le décès de son frère, qu'elle évaluait à hauteur de quarante-six millions (46.000.000) de francs CFA de dommages-intérêts, et la condamnation du CFCO aux dépens ;

Attendu que dans ses conclusions en réplique en date du ..., le CFCO n'entendait pas verser la somme demandée par les requérants, au motif qu'il avait déjà fait toutes les diligences relatives au décès du susnommé et concluait à l'irrecevabilité de la demande des requérants, parce que mal fondée ;

Attendu que la succession TA... dans ses conclusions en réponse du ... (date), expliquait que leur demande en réparation ne concernait ni le capital de décès, ni la rente due au titre de l'accident de travail qui a causé la mort du de cujus, mais cette demande était relative au préjudice moral et matériel subi par ces derniers ;

Attendu qu'en date du ..., le CFCO concluait pour que soit mise en cause la caisse nationale de sécurité sociale (CNSS) auprès de laquelle l'accident a été déclaré, conformément à l'article 141 alinéa 1er du code de travail avant que le tribunal ne prononce sa mise hors de cause ;

Que suivant jugement avant-dire droit du ... (date), le juge civil statuant en matière civile, tout en rejetant la mise hors de cause du CFCO, avait ordonné la mise en cause de la CNSS ;

Attendu que la CNSS dans ses conclusions en date du ..., en s'appuyant sur l'article 98 du code de sécurité sociale, expliquait que l'accident ferroviaire ayant causé la mort de

TA… n'était pas de son fait, puisqu'elle n'était pas l'employeur du de cujus ;

Que la faute de l'accident devait incomber au CFCO qui est l'employeur du défunt, et que c'est auprès de lui que la demande de réparation du préjudice devrait être adressée ;

Attendu que la succession TA… dans ses conclusions définitives du … (date), demandait au tribunal qu'il lui soit adjugé l'entier bénéfice de ses précédentes écritures et de condamner le CFCO aux entiers dépens ;

SUR QUOI LE MINISTERE PUBLIC :

Sur l'incompétence du tribunal administratif

Attendu que le dossier de la procédure a été transmis au tribunal de céans suivant les dispositions de l'article 4 de la loi n°13-96 du 20 mars 1996 portant création du tribunal administratif de Pointe-Noire ;

Attendu que les requérants ont attrait le chemin de fer Congo-Océan devant le juge en réparation de préjudice subi à la suite du décès d'un des leurs ;

Attendu que le CFCO, suivant ordonnance n°3-2000 du 16 février 2000 portant création du chemin de Fer Congo-Océan, est une entreprise publique à caractère industriel et commercial, dotée donc d'une personnalité civile et de l'autonomie financière ;

Attendu que les établissements publics à caractère industriel et commercial s'entendent comme une forme de gestion de service public soumise principalement aux règles de droit privé et à la compétence du juge judiciaire ;

Que le personnel du CFCO est lié à ce service par un contrat de droit privé ;

Que, exception faite pour le directeur général et l'agent comptable, lorsqu'il est comptable public, le personnel des services publics industriels et commerciaux sont des agents privés soumis au droit du travail ;

Que suivant le principe posé par l'arrêt Bac d'Eloka du 22 janvier 1921, il a été reconnu la compétence de l'autorité judiciaire pour connaître des actions intentées par des particuliers en réparation des conséquences dommageables de l'exploitation d'un service public industriel et commercial ;

Qu'ainsi, en dehors des mesures concernant l'organisation du service public relevant de la compétence du juge administratif, les accidents de travail et autres dommages survenus au sein d'un établissement public industriel et commercial doivent être portés à la connaissance du juge judiciaire ;

Attendu qu'en outre les tiers sont aussi dans une relation de droit privé avec le service public industriel et commercial ;

Que dans le cas d'espèce, le litige opposant les ayants droit de TA… au chemin de fer Congo-Océan ne peut être porté à la connaissance du juge administratif ;

Que le juge civil avait été régulièrement saisi par les requérants avant qu'il décide de la transmission de cette procédure au juge administratif ;

Qu'il échet dès lors de déclarer le tribunal de céans incompétent pour connaître de cette matière ;

En conséquence

Vu la loi n3-2000 du 16 février 2000 Portant création du chemin de fer Congo-Océan ;

Conclut qu'il plaise au tribunal :

- Se déclarer incompétent pour connaître du litige opposant la succession TA… au CFCO ;
- Condamner les parties aux dépens/_

Fait au parquet, le… (date)

Le procureur de la République

Conclusions n°10

Incompétence du Tribunal administratif

Affaire MI… C/ le Chemin de fer Congo-Océan (CFCO)

COUR D'APPEL DE P… (Nom de la ville)

TRIBUNAL ADMINISTRATIF DE P… (Nom de la ville)

PARQUET DU PROCUREUR DE LA REPUBLIQUE
N °______/…………

RÉPUBLIQUE DU CONGO
Unité*Travail*Progrès

CONCLUSIONS DU MINISTERE PUBLIC

Affaire : MI… (nom, prénoms, profession, situation matrimoniale, nationalité et domicile), élisant domicile au cabinet d'avocat GO…, avocat au barreau de P… (nom de la ville) ;

Contre : Le chemin de fer Congo-Océan (CFCO), pris en la personne de son représentant légal ;

Objet : Assignation en paiement ;

Le procureur de la République près le tribunal administratif de P… (nom de la ville) ;

Vu en l'état l'entier dossier communiqué à notre parquet pour nos conclusions ;

Les faits de la cause

Attendu que par requête en date du … , sieur Mi…, saisissait le tribunal administratif de P…, aux fins de s'entendre condamner le Chemin de fer Congo-Océan (CFCO) à lui payer les sommes de quarante-six millions deux cent trente-neuf mille cinquante (46.239.050) francs CFA à titre principal et de dix millions (10.000.000) de francs CFA à titre de dommages et intérêts, et le condamner enfin aux entiers dépens ; il exposait à l'appui de sa requête qu'il était victime d'un accident de travail dans l'enceinte du dépôt ATC P… (nom de la ville) de Km[4] et sombrait dans un Coma stade II ; il était évacué au centre hospitalier en France accompagné par un médecin sur ordre du ministre de la Santé avec mention que tous les frais relatifs au mobile de son voyage et ceux du médecin devraient être pris en charge par l'ATC ; c'est ainsi qu'après avoir formulé une demande d'achat de billet à la direction du CFCO, le requérant recevait de ladite administration, la somme de un million trois cent soixante-quatre mille huit cents (1.364.800) francs CFA pour son billet d'avion P… (nom de la ville) Paris ; il restait ainsi du … (date) au … (date) hospitalisé en France ; deux (02) ans après, soit le … (date), le requérant recevait le montant de cinq cent mille (500.000) francs CFA pour l'achat du billet P… (nom de la ville) Paris- P… (nom de la ville) ; en date du …, le requérant saisissait le directeur du CFCO et réclamait qu'il lui soit remboursé les frais de transport aérien entre B…et P… (noms de deux villes) évalués à huit cent cinquante-neuf mille cent cinquante (859.150) francs CFA ; à ce jour le requérant affirme avoir préfinancé son séjour en France, puisque les frais engagés par le CFCO en date du … avaient été retirés sur son salaire pendant quarante (40) mois ; en se fondant ainsi sur les articles 59 et suivants du code de sécurité sociale et aussi sur les statuts du CFCO, le requérant estime que le CFCO lui a causé un énorme préjudice pour ne l'avoir pas pris totalement en charge à la suite de son accident ;

Attendu que dans ses conclusions du … (date), le Chemin de fer Congo Océan, demandait au tribunal à ce que soit déclarée irrecevable la présente requête pour inobservation des dispositions de l'article 179 du CPCCAF, et pour avoir saisi à tort le tribunal administratif pour un litige social en violation des articles 211 et 240 du code du travail, lesquelles dispositions donnent compétence au juge social pour connaître des différends pouvant naître entre le travailleur et l'employeur à l'occasion du contrat de travail ;

Attendu que le tribunal de Céans a été saisi pour condamner le CFCO à réparer le préjudice subi par un de ses agents à la suite d'un accident de travail ;

Attendu que le contentieux administratif s'entend de l'étude des litiges suscités par l'action administrative et réglés par des juridictions spécifiques, selon des procédures et des règles de fond autonomes ;

Qu'il s'ensuit que l'objet du contentieux administratif devrait donc être constitué de litiges impliquant les personnes publiques ou, plus largement, les activités administratives, tranchés par des structures et selon des procédures juridictionnelles ;

Attendu cependant que la loi n°3-2000 du 16 février 2000 confère au CFCO le caractère d'un établissement public industriel et commercial ;

Que les contrats passés entre ledit établissement et ses agents, s'ils ne sont pas des agents publics, sont des contrats de droit commun soumis au régime de droit privé ;

Que dans l'esprit des articles 2 et 211 du code de travail les personnes nommées dans un emploi permanent d'un cadre d'une administration privée sont soumises aux dispositions de la loi instituant le code du travail, dont seuls les tribunaux du travail connaîtront les différends pouvant naître entre elles et leur employeur ;

Qu'ainsi, le sieur Mi… classé dans la catégorie du personnel des cadres permanents de l'ATC, est un agent privé soumis aux règles de droit privé ;

Que dès lors, le juge administratif ne pouvant connaître de ce litige, devrait donc se déclarer incompétent ;

EN CONSEQUENCE

Vu la loi n°3-2000 du 16 février 2000 portant création du CFCO ;

Vu les articles 2 et 211 de la loi n°45-75 du 15 mars 1975 instituant le code du travail ;

Conclut qu'il plaise au Tribunal :

- De se déclarer incompétent ;
- Condamner le requérant aux dépens ;

Fait au parquet, le……(date)
Le procureur de la République

Conclusions n° 11

Incompétence du Tribunal administratif

Affaire AR… C/ l'Etat congolais

COUR D'APPEL DE P… (Nom de la ville)

TRIBUNAL ADMINISTRATIF DE P… (Nom de la ville)

PARQUET DU PROCUREUR DE LA REPUBLIQUE
N °______/…………

RÉPUBLIQUE DU CONGO
Unité*Travail*Progrès

CONCLUSIONS DU MINISTERE PUBLIC

Affaire : AR… (nom, prénoms, profession, situation matrimoniale, nationalité et domicile), élisant domicile au cabinet d'avocat CO…, avocat à la Cour ;

Contre : L'Etat congolais, ayant pour conseils le cabinet d'avocats OB… et MA…, avocats à la Cour ;

Objet : Requête aux fins d'annulation des décisions d'expulsion et d'occupation provisoire de la parcelle ;

Le procureur de la République près le tribunal administratif de P… (nom de la ville) ;

Vu en l'état l'entier dossier communiqué à notre parquet pour nos conclusions ;

Les faits de la cause

Attendu que par requête en date à P… (nom de la ville), du … (date), sieur AR…, saisissait le tribunal administratif de P… (nom de la ville), aux fins de s'entendre prononcer l'annulation des décisions portant expulsion et occupation de sa parcelle de terrain sise … (adresse) à P… (nom de la ville) ;

Qu'à l'appui de sa requête, il expose qu'il était propriétaire de la parcelle de terrain cadastrée n°81, section M, d'une superficie de 928,25m^2, sise … (adresse) à P… (nom de la ville) ;

Qu'il l'avait acquis en juillet 1988 de monsieur GE…, lequel tirait son droit de propriété d'une autorisation d'attribution délivrée par les autorités de l'ancienne Afrique Equatoriale Française (AEF) ;

Que du fait des troubles sociopolitiques perpétrés dans la ville de D… (nom de la ville), avec la destruction de sa maison, tous les actes de propriété avaient été brûlés ;

Que cependant la famille LO…, voisine du requérant pouvait justifier de la mise à la disposition de ladite propriété à son fils ;

Qu'à titre de rappel, le requérant soulignait qu'avant qu'il ne cède son terrain à son fils, l'Etat congolais avait réquisitionné cette dernière sur le fondement des différents textes, alors qu'en 1991, la conférence nationale avait annulé les décrets n°78-565 du 29 septembre 1978, et 82-241 du 28 décembre 1982 relatifs à l'attribution des propriétés bâties appartenant aux étrangers ayant quitté le Congo ou expulsés de la République du Congo pour séjour illégal ;

Que par cet acte, AR… voyait son droit de propriété être renforcé ;

Que curieusement, plus de vingt (20) ans après, la direction départementale du domaine de l'Etat du KO… (nom du département) lui notifiait en date du … une sommation de déguerpir, puis en date du … un procès verbal d'expulsion du requérant et de tous autres occupants, avant qu'elle n'autorise sieur KH… à occuper provisoirement ladite propriété ;

Qu'ainsi le requérant estime que ces deux (02) décisions, contraires à la loi de 1991, sont entachées d'une irrégularité manifeste et sont dans ces conditions illégales ;

Que pour soutenir cette thèse, sieur AR..., expliquait d'une part que seul le ministère des Finances a compétence pour les actes translatifs de propriété et non la direction départementale du domaine de l'Etat, moins encore le ministre des Affaires foncières et du Domaine public ;

Que d'autre part il faille au préalable obtenir une décision de justice avant de prétendre expulser une personne jouissant de son droit de propriété ;

Que l'Etat a agi dès lors sans titre ni droit et sans support, puisqu'il n'a pas apporté la preuve de ce qu'il serait propriétaire de la parcelle querellée ;

Qu'en s'appuyant tant sur l'article 544 du code civil, sur l'article 17 de la déclaration des droits de l'Homme de 1789, que sur la loi de 1991, le requérant estime que cette façon d'agir de l'Etat est illégale ;

Qu'ainsi le requérant demandait au tribunal :

- D'annuler les décisions d'expulsion et de l'autorisation provisoire d'occuper accordée au sieur KH… ;
- D'ordonner l'expulsion du sieur KH… sous astreinte de deux cent mille (200.000) francs CFA par jour de retard ;
- De condamner l'Etat congolais aux entiers dépens ;

Que ce domaine avait appartenu successivement au sieur AD..., puis aux sieurs CH… et LE… comme en témoignerait la fiche de mise à jour des documents cadastraux établis le 28 novembre 1957 ;

Que ces derniers avaient cédé au territoire du Moyen-Congo une propriété leur appartenant de 3.787m^2 sise ... (adresse) à P… (nom de la ville) ;

Qu'il y avait lieu de relever que l'acte de la conférence nationale de 1991 sur lequel se fonde le requérant, ne s'appliquait que sur les propriétés bâties dans le périmètre de B… (nom de la ville) et non de P… (nom de la ville) ;

Que d'ailleurs, cette propriété avait été cédée en 1958, bien avant l'adoption du décret de la loi de 1991 sur les propriétés ayant appartenu aux étrangers expulsés de B… (nom de la ville);

Que sieurs CH… et LE… n'avaient jamais fait l'objet d'une expulsion, qu'ils avaient volontairement quitté le Congo en cédant gratuitement cette parcelle à l'Etat ;

Qu'il revient dès lors au requérant de rapporter la preuve de son titre de propriété, puisqu'en matière de propriété, les titres passent avant témoin ;

Qu'ainsi le concluant sollicitait du tribunal, tout en le déclarant seul et légitime propriétaire de la parcelle querellée :

- De dire n'y avoir lieu de prononcer la nullité desdites décisions rendues par le directeur départemental du domaine de l'Etat ;
- Débouter le requérant de toutes ses demandes, fins, moyens et conclusions ;

Attendu que dans ses conclusions du … (date), constatant que les parties ne disputaient pas la même parcelle, maître CO… sollicitait qu'il soit ordonné par le tribunal un transport sur les lieux conformément aux dispositions des articles 175 et 177 du CPCCAF dont les frais devraient être mis à la charge de l'Etat congolais ;

Que tout en soutenant qu'il avait acquis ladite propriété des mains de sieur GE… en 1988, il relevait que la fiche de mise à jour des documents cadastraux produit par l'Etat congolais, faisait ressortir des indications laissant remarquer qu'il s'agissait de deux (02) parcelles différentes ;

Qu'en outre, comme pour justifier la preuve de ses démarches en vue d'une délivrance des duplicatas, le requérant a versé aux débats divers courriers adressés à la direction du cadastre ;

Attendu que dans ses conclusions additives du … (date), maître OB..., maintenant ses précédents dires, soutenait que la parcelle querellée relevait du domaine de l'Etat tout comme la propriété qui abrite actuellement le commissariat de police de TC… (nom d'un arrondissement), et que contrairement à ce qu'évoquait le demandeur, ladite propriété n'a point fait l'objet d'une vente ;

Que sur la mesure de transport sollicitée par le demandeur, le concluant tout en s'interrogeant sur l'utilité dudit transport, faisait remarquer que les frais y relatifs devraient en principe être supportés par le demandeur ou à tout le moins par les deux (02) parties ;

Attendu que dans ses conclusions du … (date), le requérant faisait observer que l'Etat semblait ignorer que l'acte 194 de la conférence nationale de 1991, restituait les biens immobiliers des expatriés à l'Etat du fait de la loi du 7 août 1975 ;

Que l'Etat devrait rapporter la preuve de l'indemnisation au sieur GE… avant de produire le décret de transfert y relatif ;

Que faute par lui de le prouver, il ne pouvait dès lors se prévaloir de la qualité de propriétaire en se fondant sur ladite loi ;

Qu'étant entendu que l'Etat ne s'était pas opposé à la mesure de transport, le requérant insistait sur l'utilité pour le tribunal d'effectuer un transport sur les lieux pouvant éclairer sa lanterne ;

SUR QUOI LE MINISTERE PUBLIC :

Sur l'incompétence du tribunal administratif

Attendu que le requérant sollicite du tribunal de céans l'annulation des décisions d'expulsion et d'occupation provisoire prises par le directeur départemental du domaine de l'Etat ;

Attendu que les directeurs départementaux sont des autorités administratives en ce qu'ils sont nommés par arrêté du ministre de leur tutelle ;

Qu'ils sont ainsi dotés du pouvoir dans le cadre d'une administration, et dans un but d'intérêt général de prendre diverses décisions ;

Qu'ainsi les autorités administratives peuvent prendre des actes administratifs unilatéraux ou contractuels ;

Attendu que dans le cas d'espèce, il est fort constant que les décisions d'expulsion et d'occupation provisoire de la parcelle objet du litige, émanant de la direction départementale des affaires foncières et du domaine de l'Etat ;

Mais attendu qu'aux termes de l'alinéa 1er de l'article 83 de la loi n°19-99 du 15 août 1999 modifiant et complétant certaines dispositions de la loi n°022-92 du 20 août 1992 portant organisation du pouvoir judiciaire : « le tribunal administratif est, en matière administrative, juge de droit commun en premier ressort, et au plan contentieux, il est au cours des instances dont il est saisi, compétent pour interpréter les décisions exécutoires des diverses autorités administratives et apprécier leur régularité juridique, à la demande de l'une des parties, sans pouvoir en prononcer l'annulation qui est de la compétence de la Cour suprême.» ;

Qu'il résulte de ces dispositions que si le tribunal administratif est compétent à titre incident, à la demande de l'une des parties pour interpréter les décisions exécutoires des diverses autorités administratives et de dire si l'acte administratif unilatéral qu'une des parties argue d'illégalité est légal ou non, il demeure incompétent à connaître de toute demande des parties quelle qu'elle soit, tendant à l'annulation de telles décisions qui reste de la compétence exclusive de la Cour suprême ;

Qu'ainsi bien que le requérant ait pu produire certains textes pouvant attester de l'appartenance de la propriété querellée dans son patrimoine, il reste constant que les décisions émanant de l'autorité administrative ne peuvent faire l'objet d'une annulation devant le tribunal de Céans ;

Que ce litige ouvre lieu à un autre type de contentieux, celui du recours pour excès de pouvoir, lequel ne peut être que formulé devant la haute juridiction nationale ;

Que dès lors le tribunal administratif devrait se déclarer incompétent pour se prononcer sur l'annulation desdites décisions ;

EN CONSEQUENCE

Vu l'article 83 de la loi n°19-99 du 15 août 1999 modifiant et complétant certaines dispositions de la loi n°022-92 du 20 août 1992 portant organisation du pouvoir judiciaire ;

Conclut qu'il plaise au tribunal :

- De se déclarer incompétent sur toutes fins demandées ;
- Condamner les parties aux dépens./-

Fait au parquet, le… (date)
Le procureur de la République

Conclusions n° 12

Incompétence du Tribunal administratif et irrecevabilité de la requête pour défaut de qualité

Affaire l'Etat congolais C/sieur IL… et DI…

COUR D'APPEL DE B… (Nom de la ville)

TRIBUNAL ADMINISTRATIF DE B… (Nom de la ville)

PARQUET DU PROCUREUR DE LA REPUBLIQUE

N °______/…………

RÉPUBLIQUE DU CONGO

Unité*Travail*Progrès

CONCLUSIONS DU MINISTERE PUBLIC

Affaire : L'Etat congolais, pris en la personne de son représentant légal, le Garde des sceaux, ministre de la Justice et des Droits humains, domicilié en son cabinet sis côte à côte avec le Commissariat central de police, agissant au nom et pour le compte du ministère de l'Agriculture et de l'Elevage ;

Ayant pour conseil maître NZ…, avocat à la Cour ;

Contre : sieurs :

IL… (noms, prénoms, profession, situation matrimoniale, nationalité et domicile) ;

DI… (noms, prénoms, profession, situation matrimoniale, nationalité et domicile), domicilié à l'Etude de maître SO…, Huissier de Justice, Etude située au n°… (adresse) ;

Ayant pour conseil maître IT…, Avocat à la Cour ;

Objet : requête aux fins de règlement d'un litige de propriété et cessation de troubles de jouissance ;

Le procureur de la République près le tribunal administratif de B… (nom de la ville) ;

Vu le dossier à nous communiqué et l'ensemble des conclusions échangées entre les parties ;

Les faits de la cause

Attendu que par requête en date du … à … (nom de la ville), l'Etat congolais a attrait sieurs IL… et DI… devant le tribunal de céans aux fins de règlement d'un litige de propriété et cessation de troubles de jouissance ;

Qu'au soutien de sa requête, il expose que le ministère de l'Agriculture et de l'Elevage est propriétaire au nom de l'Etat congolais d'une propriété bâtie abritant les directions départementales de l'Agriculture et de l'Elevage ainsi que d'autres projets dudit ministère, objet du titre foncier n°80, cadastrée au n°15 sise au Centre-ville de B… (nom de la ville) située à côté des Etablissements "…" (nom de ces établissements) derrière la Perception municipale de B… (nom de la ville) ;

Que ledit immeuble fait partie du patrimoine privé de l'Etat depuis 1976, suivant décret n°76/333 du 09 septembre 1976 pris en application de la loi n°95/75 du 07 aout 1975 ;

Qu'il allègue que ce titre foncier atteste que le ministère de l'Agriculture et de l'Elevage est propriétaire de l'immeuble querellé entre le ministère et sieurs IL… et DI… ;

Qu'il se dit troublé dans la jouissance paisible des lieux par ces derniers qui, par acte extrajudiciaire de maître SO…, huissier de Justice, menacent de vendre ladite propriété à des tiers ;

Que c'est pourquoi, il s'estime fondé à saisir le tribunal de céans pour s'entendre :

- Interdire aux sieurs IL… et DI… de troubler à l'avenir la jouissance paisible des lieux à l'Etat congolais et ce, sous astreinte de cent mille (100.000) francs CFA par jour en cas de résistance avérée ;
- Ordonner l'exécution provisoire de la décision à intervenir ;

- Condamner sieurs IL… et DI… aux dépens ;

Que pour conforter ses arguments, il produit aux débats un bordereau de pièces suivantes dont une copie du titre foncier n°80, une ordonnance de cessation de troubles de jouissance datée du …, un acte de signification de commandement d'une ordonnance datée du … ;

Attendu que par ses conclusions en date du …, l'Etat congolais conclut sur le bien-fondé de la présente action en application des articles 6 et 57 de la loi n°17/2000 du 3 décembre 2000 portant régime de la propriété foncière ;

Qu'il soutient en effet que tout litige porté en justice par les parties s'apprécie en fonction de la loi et des textes en vigueur se rapportant à la matière, objet du contentieux ;

Que dans le cas d'espèce, cette affaire a fait l'objet de plus de dix renvois allant du … (date) au … (date) pour production d'un procès-verbal de transaction par maître IT…, conseil de la partie adverse ;

Qu'il estime qu'en droit, et comme il s'agit d'un immeuble de l'Etat protégé par la loi, l'absence de la transaction alléguée doit être constatée comme un acte inexistant ;

Que le débat en droit est qu'en vertu des articles 6 et 57 de la loi susvisée, la transaction intervenue sur le titre foncier n°80 transfère définitivement ledit immeuble à l'Etat et purge tous les droits réels antérieurs ayant existé sur ledit immeuble ;

Qu'en vertu de ces dispositions légales impératives et d'ordre public, le tribunal devra constater cette évidence et faire droit à sa requête ;

Qu'ainsi, il sollicite du tribunal de céans de dire et juger que ledit immeuble est propriété exclusive du ministère de l'Agriculture et de l'Elevage, et donc de l'Etat congolais, débouter les consorts IL… et DI… de toutes leurs demandes, fins et conclusions, comme mal fondées et injustifiées au regard de la transcription ayant purgé les droits réels antérieurs sur ledit immeuble ;

SUR QUOI LE MINISTRE PUBLIC

Sur la compétence de la juridiction administrative

Attendu que la question de compétence est d'ordre public et doit être relevée d'office par le juge, même lorsqu'aucune partie au procès ne l'a pas soulevée ;

Attendu qu'aux termes de l'article 179 du code de procédure civile, commerciale, administrative et financière, l'exception d'incompétence constitue une exception de procédure, c'est-à-dire tout moyen qui tend à faire déclarer la procédure irrégulière ou à en suspendre le cours ;

Attendu que dans la présente cause, l'Etat congolais, agissant au nom et pour le compte du ministère de l'Agriculture et de l'Elevage, a attrait messieurs IL… et DI… devant le tribunal de céans aux fins de règlement d'un litige de propriété et cessation de troubles de jouissance ;

Qu'il allègue que le ministère de l'Agriculture et de l'Elevage, qui est propriétaire d'une propriété bâtie en vertu du titre foncier n°80 est troublé dans la jouissance paisible des lieux par les défendeurs qui, par acte extrajudiciaire de maître SO…, Huissier de justice menacent de vendre ladite propriété à des tiers ;

Qu'il ajoute que ledit immeuble fait partie du patrimoine privé de l'Etat depuis 1976, suivant décret n°76/333 du 09 septembre 1976 pris en application de la loi n°95/75 du 07 août 1975 ;

Attendu qu'aux termes des dispositions de l'article 142 du code de procédure civile, commerciale, administrative et financière : « Pour le jugement de l'affaire, le juge doit prendre en considération tous les faits résultant des débats, même s'ils ne sont pas spécialement invoqués par les parties.

- Il doit restituer aux faits et aux actes leur qualification juridique ;
- Il doit juger quels faits sont établis et en tirer les conséquences juridiques ;
- Il doit relever d'office les moyens de pur droit.» ;

Qu'au sens de cet article, le juge par son pouvoir d'interprétation ou d'appréciation, est tenu de qualifier juridiquement les faits qui lui sont soumis ;

Attendu qu'il ressort des faits de la cause que l'Etat congolais sollicite du tribunal de céans de le déclarer seul et légitime propriétaire de l'immeuble querellé et d'ordonner la cessation de troubles de jouissance dont il est victime du fait de la partie adverse ;

Attendu qu'en réalité, d'une part, que la présente demande relative à la cessation de troubles de jouissance, relève exclusivement de la compétence de la juridiction présidentielle statuant en matière de référé ou d'urgence, conformément aux dispositions des articles 207 à 217 du code de procédure civile, commerciale, administrative et financière ;

Que l'article 207 du code susvisé dispose en effet que «Dans tous les cas où il y a urgence, péril en la demeure, ou difficulté sérieuse d'exécution d'un arrêt, d'un jugement ou de tout autre titre exécutoire, le Président de la juridiction compétente, peut ordonner en référé toute mesure provisoire ne préjudiciant pas au fond du litige » ;

Qu'or, il est de principe que seul le président de la juridiction compétente au fond est également compétent en matière de procédures d'urgence ;

Attendu d'autre part que l'Etat congolais allègue que ledit immeuble appartient au patrimoine privé de l'Etat depuis 1976, suivant décret n°76/333 du 09 septembre 1976 pris en application de la loi n°95/75 du 07 août 1975 ;

Attendu qu'il ressort clairement du titre foncier n°80 produit aux débats que par décret n°76/333 du 09 septembre 1976 susvisé, la propriété en cause a fait l'objet d'un retour au domaine au profit du ministère de l'Economie rurale devenu ministère de l'Agriculture et de l'Elevage ;

Attendu qu'en droit de l'urbanisme, le retour au domaine est une procédure par laquelle l'administration réaffecte à son domaine privé au moyen d'un acte administratif régulier, un bien immobilier qu'elle a vendu à une personne privée, pour défaut de construction, de mise en valeur ou pour toute cause d'intérêt général, après un certain délai prescrit inobservé par l'acquéreur ;

Qu'une fois le retour au domaine réalisé, le bien immobilier intègre le domaine privé de l'administration ;

Attendu que le régime des biens du domaine privé de l'Etat est prévu par la loi n°9-2004 du 26 mars 2004 portant code du domaine de l'Etat ;

Que les articles 3, 21, 22, 23, 58 et 59 de la loi susvisée portant code du domaine de l'Etat disposent respectivement ce qui suit :

« Le domaine de l'Etat comprend le domaine public et le domaine privé » (art.3) ;

« Le domaine privé comprend tous les biens meubles, immeubles et droits réels immobiliers du domaine de l'Etat, des collectivités décentralisées et des établissements publics, qui, en raison de leur nature et de leur destination, ne sont pas considérés comme dépendances du domaine public » (art. 21) ;

« Les biens immeubles et droits réels immobiliers du domaine privé appartient soit à l'Etat et constituent le domaine privé de l'Etat, soit aux collectivités (…) » (art. 22) ;

« Forment le domaine privé de l'Etat, des collectivités décentralisées et des établissements publics les immeubles acquis par l'Etat, les collectivités décentralisées ou les établissements publics par voie d'expropriation, de reprise, de rachat, de dons, de legs, etc. pour leur propre usage » (art.23) ;

« Les biens immobiliers du domaine privé sont la propriété de l'Etat, des collectivités décentralisées ou des établissements publics. Ils sont susceptibles d'appropriation privée » (art. 58) ;

« Le domaine privé de l'Etat, des collectivités décentralisées ou des établissements publics est soumis aux règles du droit civil, sauf dérogations résultant des lois spéciales » (art. 59) ;

Mais attendu qu'il est de principe constant découlant du bloc de compétence de la juridiction judiciaire, que le contentieux des biens du domaine privé de l'administration relève de la compétence du juge judiciaire, alors que le contentieux des biens du domaine public ressort de la compétence de la juridiction administrative ;

Qu'en l'espèce, il en résulte que le président de la juridiction administrative saisie, sauf en contentieux du domaine public de l'Etat, n'est pas compétent pour statuer sur la demande de cessation de troubles de jouissance, sollicitée par l'Etat congolais, ni pour le déclarer seul et légitime propriétaire de l'immeuble querellé, dès lors qu'il est établi que ladite propriété appartient au domaine privé ;

Qu'en conséquence, il sied pour le tribunal de céans de se déclarer incompétent ratione materiae pour connaître du présent contentieux ; et de renvoyer l'Etat congolais à mieux se pourvoir devant la juridiction civile compétente ;

Subsidiairement

Et si par extraordinaire le tribunal de céans se déclare matériellement compétent pour connaître du présent contentieux, il sera donc judicieux de statuer, avant tout, sur la recevabilité de l'action du demandeur de la présente cause ;

Sur la recevabilité de l'action du requérant de la présente cause

Attendu que l'Etat congolais agit en qualité de demandeur au nom et pour le compte du ministère de l'Agriculture et de l'Elevage, pour solliciter du tribunal de céans la cessation de troubles de jouissance dont est victime le ministère de l'Agriculture et de l'Elevage, du fait de sieurs IL… et DI… ;

Or attendu que selon les dispositions combinées des articles 196, 200 et 481 du code de procédure civile, commerciale, administrative et financière, que « Constitue une fin de non-recevoir tout moyen qui tend à faire déclarer l'adversaire irrecevable et sa demande sans examen au fond »,« Les fins de non-recevoir doivent être relevées d'office lorsqu'elles ont un caractère d'ordre public »,« Nul ne peut ester en justice s'il n'a qualité, capacité et intérêt à le faire » ;

Que les articles 396 et 400 du Code susvisé disposent que l'Etat est assigné tant en défense qu'en intervention forcée, en la personne du Garde des sceaux, ministre de la Justice, en ses bureaux et lorsque l'administration est demanderesse, la requête introductive d'instance est signée du ministre compétent ou, s'il s'agit d'un établissement public ou d'une collectivité publique, de son représentant légal ;

Qu'il en résulte d'une part que la qualité, la capacité et l'intérêt à agir constituent des conditions essentielles de recevabilité de l'action et d'autre part l'Etat congolais n'est représenté devant les juridictions par le Garde des Sceaux, ministre de la justice, que lorsqu'il est poursuivi en qualité de défenseur ou en matière d'intervention forcée ;

Qu'en revanche, lorsqu'il est demandeur au procès, les prescriptions de l'article 400 du code précité obligent que la requête introductive d'instance soit signée du ministre compétent ;

Qu'en d'autres termes, le législateur a entendu dire que lorsque l'administration est demanderesse, il appartient au ministre de l'administration concernée, non seulement de signer la requête introductive d'instance, mais aussi de représenter directement sa structure, et non le Garde des sceaux, ministre de la justice ;

Attendu que les règles relatives à la procédure administrative, prévues aux articles 396 et suivants, sont des règles d'ordre public qui s'imposent tant au juge qu'aux parties ;

Qu'en l'espèce, il y a lieu de constater que la présente action engagée par l'Etat congolais, par le biais du Ministre de la Justice, au nom et pour le compte du ministère de l'Agriculture et de l'Elevage, n'est pas conforme aux exigences de l'article 400 susvisé, pour défaut de qualité ;

Que par voie de conséquence, il échet pour le tribunal de céans de déclarer irrecevable pour défaut de qualité, la présente action engagée par l'Etat congolais, par le biais du ministre de la Justice, au nom et pour le compte du ministère de l'Agriculture et de l'Elevage ;

<u>EN CONSEQUENCE</u>

Vu ce qui précède ;

Vu les dispositions des articles 142, 196, 200 207 et suivants, 396, 400 et 481 du code de procédure civile, commerciale, administrative et financière ;

Vu les articles 3, 21, 22, 58 et 59 de la loi n°9-2004 du 26 mars 2004 portant code du domaine de l'Etat ;

Conclut qu'il plaise au tribunal administratif de :

- Se déclarer incompétent ratione materiae pour connaître du présent litige portant sur le règlement de propriété d'un bien immobilier appartenant au domaine privé de l'Etat ainsi que sur la cessation de troubles de jouissance dont est victime le ministre de l'Agriculture et de l'Elevage ;
- Renvoyer le requérant à mieux se pourvoir devant la juridiction civile compétente ;

<u>Et subsidiairement, au cas où le tribunal retient sa compétence matérielle</u>

- Déclarer irrecevable, pour défaut de qualité, la présente action engagée par l'Etat congolais par le biais du ministre de la Justice au nom et pour le compte du ministère de l'Agriculture et de l'Elevage ;
- Mettre les dépens à la charge du trésor public/.

Fait au parquet, le … (date)

Le Procureur de la République

Conclusions n°13

Incompétence du Tribunal administratif

Affaire IY... C/ la commune de B

COUR D'APPEL DE B... (Nom de la ville)

TRIBUNAL ADMINISTRATIF DE B... (Nom de la ville)

PARQUET DU PROCUREUR DE LA REPUBLIQUE

N °______/...........

RÉPUBLIQUE DU CONGO

Unité*Travail*Progrès

CONCLUSIONS DU MINISTERE PUBLIC

Affaire : IY... (noms, prénoms, profession, situation matrimoniale, nationalité et domicile) ;

Ayant pour conseil maître OB..., avocat à la Cour ;

Contre : La Commune de B..., prise en la personne de son représentant légal, monsieur le Député maire de la ville de B... en ses bureaux, sis à B... (nom de la ville) ;

Ayant pour conseils Maîtres MO... et KE..., Avocats à la Cour ;

Objet : Réparation d'un préjudice ;

Le procureur de la République près le tribunal administratif de B... (nom de la ville) ;

Vu l'entier dossier à nous communiqué ;

Vu l'ensemble des conclusions échangées entre les parties ;

Vu les conclusions du ministère public datées du ... ;

Vu le rabattement du délibéré du ... (date) ;

Sans qu'il soit encore besoin de rappeler les faits de la cause ;

SUR QUOI LE MINISTERE PUBLIC

Attendu que dans la présente cause, sieurs IY… et IT… ont saisi le tribunal administratif de Céans aux fins de condamner la Commune de B…, à allouer à chacun la somme de cent cinquante millions (150.000.000) de francs CFA, à titre de réparation du préjudice causé par leur licenciement irrégulier et abusif ;

Attendu que la Commune de B… a soulevé les exceptions de communication de pièces et d'incompétence matérielle du tribunal de céans ;

Attendu que la question de compétence est d'ordre public et doit être examinée avant tout par le juge dans la mesure où elle a priorité absolue sur les autres questions de procédure ou fins de non-recevoir ;

Qu'ainsi, il convient d'y répondre préalablement ;

Sur le moyen d'ordre public tiré de la compétence matérielle du Tribunal administratif

Attendu qu'aux termes de l'article 142 du code de procédure civile, commerciale, administrative et financière : « Pour le jugement de l'affaire, le juge doit prendre en considération tous les faits résultant des débats, même s'ils ne sont pas spécialement invoqués par les parties.

- Il doit restituer aux faits et aux actes leur qualification juridique ;
- Il doit juger quels faits sont établis et en tirer les conséquences juridiques ;
- Il doit relever d'office les moyens de pur droit » ;

Attendu qu'en la cause, les requérants ont saisi le tribunal de Céans en qualité d'ex-temporaires maçons et fossoyeurs de la commune de B… affectés au cimetière public VIP d'It… (nom du cimetière);

Mais attendu qu'il est de principe général du droit que l'administration municipale, à l'instar d'autres administrations publiques, emploie deux types d'agents, notamment les agents municipaux titularisés et les agents municipaux non titulaires comme les contractuels, les temporaires, les décisionnaires, généralement liés à la Mairie par un contrat de travail ;

Que le contentieux des agents municipaux titulaires relève de la compétence du Tribunal administratif, tandis que celui des agents non titulaires relève des attributions du juge social ;

Qu'en l'espèce, il résulte des faits constants de la cause que les requérants sont des ex-temporaires fossoyeurs et maçons de la commune de B…, sont donc des agents municipaux non titulaires ;

Attendu qu'en vertu des dispositions de l'article 211 du code de travail, il est précisé que « Les tribunaux du travail connaissent des différends individuels pouvant s'élever entre le travailleur et l'employeur, ou l'apprenti et le maître, à l'occasion du contrat du travail ou du contrat d'apprentissage» ;

Que dans ces conditions, il s'ensuit que le présent litige échappe matériellement à la compétence du tribunal administratif, mais relève de celle du juge social ;

Qu'en conséquence, il sied pour le tribunal de céans de se déclarer matériellement incompétent pour connaître du présent litige sans examen au fond, et de renvoyer les requérants à mieux se pourvoir devant la juridiction sociale compétente, ainsi qu'ils en aviseront ;

Sur les dépens

Attendu qu'aux termes des dispositions de l'article 57 du Code de procédure civile, commerciale, administrative et financière : « La partie qui succombe est condamnée aux dépens» ;

Qu'en l'espèce, sieurs IY… et IT… ont succombé ;

Qu'il convient pour le tribunal de les condamner aux dépens ;

EN CONSEQUENCE

Vu ce qui procède ;

Vu les dispositions des articles 57 et 142 de la loi n°51-83 du 21 avril 1983 portant code de procédure civile, commercial, administrative et financière ;

Conclut qu'il plaise au Tribunal de Céans de :

- Se déclarer matériellement incompétent pour connaître du présent litige, sans examen au fond ;
- Renvoyer sieurs IY… et IT… à mieux se pourvoir devant la juridiction compétente, ainsi qu'ils en aviseront ;

Fait au parquet, le … (date)

Le Procureur de la République

Conclusions n° 14

Incompétence du Tribunal administratif

Affaire dame ND… C/ la commune de B

COUR D'APPEL DE B… (Nom de la ville)

TRIBUNAL ADMINISTRATIF DE B… (Nom de la ville)

PARQUET DU PROCUREUR DE LA REPUBLIQUE
N °______/…………

RÉPUBLIQUE DU CONGO
Unité*Travail*Progrès

CONCLUSIONS DU MINISTERE PUBLIC

Affaire : Dame ND… (noms, prénom, profession, situation matrimoniale, nationalité et domicile) ;

Ayant pour conseil maître HO…, avocat à la Cour ;

Contre : La Commune de B…, pris en la personne de son représentant légal, monsieur le Maire de B…, en ses bureaux, sis à B… (nom de la ville) ;

Ayant pour conseil Maître MO…, avocat à la Cour ;

Objet : Assignation en résolution de la vente d'un bien immobilier et réparation du préjudice subi ;

Le Procureur de la République près le tribunal administratif de B… (nom de la ville) ;

Vu l'entier dossier à nous communiqué ;

Les faits de la cause

Attendu que par requête datée à B… (nom de la ville), le … (date), dame ND… a attrait la Commune de B… devant le tribunal de céans aux fins de la résolution de la vente d'un bien immobilier et la réparation du préjudice subi ;

Qu'à l'appui de sa demande, elle expose qu'en date du …, elle s'était portée acquéreur d'une parcelle de terrain, superficie de 486m^2, n°132, Bloc 7, section P/13 située à Mo… (arrondissement) ;

Qu'elle avait versé trois cent cinquante mille (350.000) francs CFA au prix d'acquisition entièrement libéré aux mains de la Mairie de B… ;

Elle explique que la commune de B…, en date du …, lui a délivré un autre permis d'occuper n°000355 ayant trait à la même parcelle de terrain dont la superficie est nettement différente et diamétralement différente de celle figurant dans le permis d'occuper établi le … (date) ;

Elle estime être fondée à ester en justice pour obtenir la résolution de la vente et la réparation du préjudice subi ;

C'est pourquoi, elle prie monsieur le Président du tribunal administratif de B… de :

- S'entendre dire et juger que la Mairie de B… est responsable du préjudice subi par elle ;
- S'entendre alors prononcer la résolution de la vente de la parcelle de terrain superficie de 486m^2, Bloc 7, section P/13 située à Mo…(arrondissement) intervenue entre elle et la Mairie de B… avec toutes les conséquences de droit qui en découlent ;
- S'entendre condamner la Mairie de B… à payer à dame ND… la somme de vingt millions (20.000.000) de francs CFA à titre de dommages-intérêts ;
- S'entendre condamner la Mairie de B… aux dépens ;

La Mairie de B…, représentée par maître MO… n'a pas conclu au fond ;

SUR QUOI LE MINISTERE PUBLIC

Attendu que dans la présente procédure, dame ND… a attrait la commune de B… devant le Tribunal de céans aux fins de la résolution de la vente d'un bien immobilier et l'indemnisation ;

Attendu que la Mairie de B… n'a pas conclu au fond ;

Mais attendu que les questions de compétence ont priorité absolue ;

Qu'il convient avant tout d'y statuer ;

<u>Sur l'incompétence matérielle du Tribunal administratif</u>

Attendu qu'aux termes de l'article 83 alinéa 3 de la loi n°19-99 du 15 août 1999 modifiant et complétant certaines dispositions de la n°022-92 du 20 août 1992 portant organisation du pourvoir judicaire en République du Congo : «Le Tribunal administratif est, en matière administrative, juge de droit commun en premier ressort, et au plan contentieux de toutes les actions tendant à faire déclarer débitrices les collectivités publiques soit à raison des marchés publics conclus par elles, soit à raison des travaux publics qu'elles ont ordonnés, soit encore à raison de tous actes de leur part ayant porté préjudice à autrui ;

De tous les litiges portant sur les avantages pécuniaires ou statutaires reconnus aux fonctionnaires et agents publics des diverses administrations, notamment aux fins de redresser les situations de carrières inadéquates et de prononcer le cas échéant, la réparation qui leur est due pour le préjudice» ;

Qu'il ressort de ces dispositions que le tribunal administratif ne peut connaître que du contentieux résultant des rapports entre les collectivités publiques et les fonctionnaires ainsi que les agents publics, mais également des dommages causés par l'administration aux particuliers, à l'exclusion de ceux relevant de la compétence du juge judicaire par voie législative ou jurisprudentielle ;

Qu'en l'espèce, dame ND... a attrait la commune de B... devant le Tribunal de céans en résolution de la vente d'un bien immobilier et l'indemnisation du préjudice subi ;

Attendu qu'il résulte de l'examen des pièces versées au dossier que le litige en cause porte sur la résolution et la réparation d'un préjudice lié à la propriété privée ;

Or attendu qu'il est de principe acquis que le contentieux de la propriété privée est de la seule compétence du juge civil, gardien naturel de la propriété privée ;

Que la résolution de la vente d'un bien immobilier relève incontestablement de la compétence du juge de la propriété privée ;

Que le Tribunal administratif de céans, en vertu des dispositions précitées, ne saurait connaître du présent litige ;

Qu'en conséquence, il convient pour le Tribunal administratif de céans de se déclarer matériellement incompétent pour connaître du présent contentieux, sans examen au fond, et de renvoyer dame ND... à mieux se pourvoir devant la juridiction compétente, ainsi qu'elle en avisera ;

Sur les dépens

Attendu qu'aux termes de l'article 57 du CPCCAF dispose : « La partie qui succombe est condamnée aux dépens » ;

Attendu qu'en l'espèce, la requérante a succombé ;

Qu'il y a lieu pour le Tribunal de céans de la condamner aux dépens ;

EN CONSEQUENCE

Vu ce qui précède ;

Vu l'article 57 du code de procédure civile, commerciale, administrative et financière ;

Vu l'article 83 de la loi n°19-99 du 15 août 1999 modifiant et complétant certaines dispositions de la loi n°022-92 du 20 août 1992 portant Organisation du pouvoir judicaire ;

Conclut qu'il plaise au Tribunal administratif de céans de :

- Se déclarer matériellement incompétent pour connaître du présent litige, sans examen au fond ;
- Renvoyer dame ND... à mieux se pourvoir devant la juridiction compétente, ainsi qu'elle en avisera ;
- La condamner aux dépens./

Fait au parquet, le ... (date)

Le Procureur de la République

Conclusions n° 15

Incompétence du Tribunal administratif

Affaire sieur SI... C/ la société nationale d'électricité

COUR D'APPEL DE B... (Nom de la ville)

TRIBUNAL ADMINISTRATIF DE B... (Nom de la ville)

PARQUET DU PROCUREUR DE LA REPUBLIQUE

N °______/...........

RÉPUBLIQUE DU CONGO

Unité*Travail*Progrès

CONCLUSIONS DU MINISTERE PUBLIC

Affaire : Sieur SI... (noms, prénoms, profession, situation matrimoniale, nationalité et domicile) ;

Ayant pour conseil maître IT..., Avocat à la Cour ;

Contre : Société nationale d'électricité (SNE), prise en la personne de son représentant légal, monsieur le Directeur général, en ses bureaux, sis à B... (nom de la ville) ;

Ayant pour conseil maître BA..., avocat à la Cour ;

Objet : Paiement, indemnisation et expulsion ;

Le procureur de la République près le tribunal administratif de B... (nom de la ville) ;

Vu le dossier à nous communiqué et les conclusions échangées entre les parties ;

Les faits de la cause

Par requête introductive d'instance, datée du ... à B..., sieur SI... a attrait la Société nationale d'électricité devant le Tribunal administratif de B... aux fins de paiement, d'indemnisation et d'expulsion ;

Il expose que courant 1978, la SNE avait implanté sans son autorisation un poste de transformateur électrique dans la moitié de sa parcelle sise … (adresse) ;

Cette occupation s'analysant juridiquement en une location octroyait au requérant le droit de réclamer du défendeur le paiement de la créance née de ladite occupation ;

Face au refus de la SNE de faire droit à ses demandes répétées aux fins de paiement, d'indemnisation et d'expulsion, il a ainsi saisi le Tribunal administratif de céans en vue d'obtenir :

- La condamnation de la SNE à lui payer la somme totale de soixante-sept millions six cent mille (67 600 000) francs CFA au titre des loyers impayés ;
- La condamnation de la SNE à lui payer la somme de cinquante millions (50 000 000) de francs CFA à titre de dommages-intérêts ;
- L'expulsion immédiate et sans conditions de la SNE de la moitié de sa parcelle et l'enlèvement de son transformateur électrique, avec le concours de la force publique ;
- Que la somme de 67 600 000 francs CFA allouée produira des intérêts de droit au taux légal, à compter de la requête préalable ;
- L'exécution provisoire de la décision à intervenir nonobstant toutes voies de recours et sans caution ;
- La condamnation de la SNE aux dépens ;

Dans son mémoire en défense du … (date), la SNE sollicite du tribunal de céans de rejeter l'action du requérant en lui opposant la prescription de son action, tirée de l'article 2262 du code civil ;

Dans son mémoire en réplique du … (date), sieur SI… conclut au débouté du défendeur dans toutes ses demandes, fins et conclusions car mal fondées ;

En effet, il fait savoir que cette occupation fait partie des simples actes de tolérance qui ne permettent pas de prescrire le droit de propriété conformément aux dispositions de l'article 2232 du code civil ;

Dans son mémoire en duplique du ... (date), la SNE réitérait le maintien de sa demande de prescription trentenaire au motif que le requérant ne peut se prévaloir du bénéfice des dispositions de l'article 2232 sus-évoqué au motif que la tolérance sus-alléguée résulterait d'une contrainte réputée comme portant atteinte au libre arbitre ;

Attendu que pour faire échec à l'argument tenant sur l'usucapion soutenue par le défenseur, le requérant rapporte qu'en ... (année), il avait formulé une revendication et a relancé sa demande en février ... (année) ;

Qu'en posant son transformateur électrique en 1978, la SNE n'entendait pas acquérir cette parcelle, mais uniquement à satisfaire sa clientèle et développer son réseau ;

Attendu que la SNE rejette l'argument de requérant fondée sur l'interruption de délai de prescription au motif que les revendications faites par sieur SI... ne constituent pas une cause interruptive de la prescription car n'ayant pas été faites par voie de commandement d'huissier conformément aux dispositions de l'article 2244 du Code civil ;

Qu'en outre, la SNE conclut au mal-fondé de l'action du requérant au motif que sieur SI... revendique son droit de propriété sur un espace dont les droits de la SNE sont prescrits, mais il demande le paiement d'un loyer jusqu'en 2011, alors qu'à la date de la formulation de cette demande, la SNE lui avait déjà restitué sa parcelle de terrain, après qu'elle avait acquis le 07 juillet 2011 un terrain dans la rue ... (adresse) ;

Attendu que dans la présente cause, la Société nationale d'électricité soulève in limine litis l'exception d'incompétence matérielle du Tribunal de céans ;

Attendu cependant que dans ses conclusions du ... (date), la SNE soulève l'incompétence ratione materiae du Tribunal de céans au motif que les litiges résultant des actes de la SNE en tant qu'EPIC revêtent un caractère civil et sont de ce fait soumis au juge de droit commun ;

SUR QUOI LE MINISTERE PUBLIC

Attendu que dans la présente cause, la Société nationale d'électricité soulève in limine litis l'exception d'incompétence matérielle du tribunal de céans ;

Sur l'incompétence matérielle soulevée par la Société nationale d'électricité

Attendu qu'en vertu de l'article 2 de la loi n°67/84 du 11 septembre 1984 portant modification de la dénomination de la Société Nationale d'Energie en Société nationale d'électricité (S.N.E) : « La Société nationale d'électricité est un organisme d'Etat à caractère technique, industriel et commercial, doté de la personnalité civile, jouissant de l'autonomie financière et dont la gestion est assurée suivant les règles de la comptabilité commerciale » ;

Attendu qu'il est de principe acquis que la juridiction judiciaire est seule compétente pour connaître des actions intentées par des particuliers en réparation des conséquences dommageables de l'exploitation d'un service public industriel et commercial ;

Attendu qu'en l'espèce, sieur SI... réclame à la Société nationale d'électricité des loyers issus de l'occupation illégale de sa propriété pour y avoir installé, sans son autorisation, un poste de transformateur électrique ;

Que ces loyers dont le requérant sollicite le paiement résulteraient, même en l'absence d'un acte, d'un contrat de droit privé ;

Attendu que si un poste de transformation électrique se définit en droit administratif comme un ouvrage public dont les conséquences dommageables qu'il peut générer relèvent de la juridiction administrative, mais dès lors qu'il constitue un moyen qui participe à l'exploitation d'un service public industriel et commercial, les conséquences dommageables qui peuvent résulter de son utilisation, par ledit service, sont et restent de la compétence du juge judiciaire ;

Qu'il s'ensuit que le Tribunal administratif saisi ne peut connaître du présent litige et que l'exception d'incompétence soulevée par la Société nationale d'électricité est fondée ;

Que dès lors, il convient pour le Tribunal de céans de se déclarer matériellement incompétent pour connaître du présent litige, sans qu'il soit nécessaire d'examiner les autres moyens et de renvoyer le requérant à mieux se pourvoir devant la juridiction compétente ainsi qu'il en avisera ;

Sur les dépens

Attendu qu'aux termes des dispositions de l'article 57 du CPCCAF : « La partie qui succombe est condamnée aux dépens. Si les deux parties ont succombé respectivement sur quelques points, les dépens doivent être partagés » ;

Qu'en l'espèce, le Sieur SI... a succombé ;

Qu'il y a lieu pour le Tribunal de céans de le condamner aux dépens ;

EN CONSEQUENCE

Vu ce qui précède ;

Vu l'article 23 de la loi n°067/84 du 11 septembre 1984 portant modification de la dénomination de la Société nationale d'énergie en Société nationale d'électricité (S.N.E) ;

Vu l'article 57 de la loi n°51-83 du 21 avril 1983 portant code de procédure civile, commerciale, administrative et financière ;

Vu les principes généraux de droit sus évoqués ;

Conclut qu'il plaise au Tribunal administratif de céans de :

- se déclarer matériellement incompétent pour connaître du présent litige, sans examen au fond ;

- Renvoyer sieur SI… à mieux se pourvoir devant la juridiction compétente, ainsi qu'il en avisera ;
- Le condamner aux dépens/.

Fait au parquet, le … (date)

Le Procureur de la République

Conclusions n° 16

Incompétence du Tribunal administratif

Affaire sieur SA… C/l'Etat Congolais

COUR D'APPEL DE B… (Nom de la ville)

TRIBUNAL ADMINISTRATIF DE B… (Nom de la ville)

PARQUET DU PROCUREUR DE LA REPUBLIQUE

N °______/…………

RÉPUBLIQUE DU CONGO

Unité*Travail*Progrès

CONCLUSIONS DU MINISTERE PUBLIC

Affaire : Sieur SA… (noms, prénoms, profession, situation matrimoniale, nationalité et domicile) ;

Ayant pour conseil maître EM…, avocat à la Cour ;

Contre : l'Etat congolais, pris en la personne de son représentant légal, monsieur le ministre de la Justice, des droits humains et de la promotion des peuples autochtones, en ses bureaux, sis à Brazzaville ;

Ayant pour conseil maître OK…, Avocat à la Cour ;

Objet : Requête aux fins d'indemnisation ;

Le procureur de la République près le Tribunal administratif de B… (nom de la ville) ;

Vu l'entier dossier à nous communiqué et les conclusions échangées entre les parties ;

Les faits de la cause

Attendu que par requête introductive d'instance en date à B… du …, sieur SA…, par le truchement de son conseil maître

EM…, a attrait l'Etat congolais devant le tribunal administratif de céans aux fins d'indemnisation ;

Qu'au soutien de sa requête, il expose qu'en date du … lors des évènements liés à l'attaque des éléments de la force publique au domicile de NT…, il a été arrêté et détenu à la maison d'arrêt ;

Qu'en effet, il était mis sur son dos les faits suivants : association des malfaiteurs, rébellion, assassinat, coups et blessures volontaires aux agents de la force publique dans l'exercice de leurs fonctions avec intention de donner la mort, etc. ;

Que pour cela non seulement il fut détenu à la maison d'arrêt sans la moindre observation de la procédure à suivre s'agissant des poursuites pénales, mais encore la justice l'a totalement blanchi par un arrêt criminel n°… du … (date) ;

Que faisant foi aux dispositions de l'article 397 du code de procédure civile, commerciale, administrative et financière, il a au préalable saisi, en date du …, Monsieur le ministre en charge de la Justice de l'époque, d'une requête préalable aux fins d'un arrangement à l'amiable, et qui malheureusement a gardé le silence jusqu'à ce jour, alors que le délai de la réponse de l'administration est de quatre (4) mois, d'où la présente saisine, pour le déshonneur essuyé, la séquestration durant plusieurs mois ;

Que c'est ainsi qu'il s'estime fondé à s'adresser au Tribunal administratif de céans à lui payer la somme de neuf milliards (9.000.000.000) de francs CFA en réparation de toutes causes de préjudices confondues ;

Attendu que dans ses conclusions en réponse datées du …, l'Etat congolais sollicite au Tribunal administratif de constater, au principal, qu'il n'est pas compétent en matière d'indemnisation liée à un acquittement, et par conséquent, se déclarer incompétent pour juger la présente cause, et constater subsidiairement, que sieur SA… a été acquitté au bénéfice du doute et que le doute subsiste quant à la commission de l'infraction par le requérant, par conséquent, rejeter le requérant en sa demande de dommages et intérêts ; infiniment subsidiaire, de constater que les demandes du requérant sont abusives et ne se fondent sur aucun élément, et de ce point de vue, les rejeter purement et simplement, le cas échéant, les ramener à des plus justes proportions en allouant au requérant la somme de un million cinq cent mille (1.500.000) francs CFA ;

Attendu que dans ses conclusions en réplique datées du ..., sieur SA... sollicite du tribunal de constater que les faits de la présente procédure sont de nature administrative, constater en outre qu'il était dans une situation de détention préventive inopérante, constater enfin que le préjudice subi par lui mérite réparation ; se déclarer compétent, dire et juger l'Etat congolais responsable du préjudice subi, condamner l'Etat congolais responsable du préjudice subi, condamner l'Etat congolais à lui payer, la somme de neuf milliards (9.000.000.000) de francs CFA, toutes causes de préjudices confondues ;

Attendu que dans ses conclusions en réponse datées du ..., l'Etat congolais conclut à l'entier bénéfice de ses précédentes et présentes écritures ;

<u>SUR QUOI LE MINISTRE PUBLIC</u>

Attendu que dans la présente cause, le requérant sollicite du tribunal de condamner l'Etat congolais à lui payer la somme de neuf milliards (9.000.000.000) de francs CFA pour toutes causes de préjudices confondues, notamment suite à sa détention illégale et abusive ;

Attendu que l'Etat congolais, pour faire échec à ses prétentions, sollicite au Tribunal administratif de céans de se déclarer incompétent matériellement pour connaître du présent contentieux et, si le tribunal se reconnaît compétent, de ramener l'indemnisation à des justes proportions ;

Qu'ainsi, il y a lieu de répondre, avant tout, sur l'exception d'incompétence ;

<u>Sur l'exception d'incompétence matérielle du Tribunal administratif soulevée par l'Etat congolais</u>

Attendu que s'il est vrai que le juge administratif demeure le juge par excellence de l'administration, force est toutefois de relever qu'il est des contentieux qui échappent à ses attributions, et relèvent de la compétence du juge judiciaire, par détermination légale ou jurisprudentielle ;

Qu'en droit administratif, il est en effet un principe général de droit selon lequel qu'en matière du contentieux du service public de la justice, le juge administratif est compétent en contentieux de l'organisation du service public de la justice, tandis que le juge judicaire demeure compétent en cas du dysfonctionnement des services publics de la justice judiciaire ;

Qu'en d'autres termes, le juge judiciaire est seul compétent de ce fait, lorsque l'acte en cause se rattache à l'exercice de la fonction juridictionnelle judiciaire et qu'il est établi que la personne détenue l'a été à tort et qu'une décision de non-lieu, de mise en liberté provisoire, de relaxe ou d'acquittement devenue définitive, a été prononcée en sa faveur et qu'il est résulté de cette détention, un préjudice manifestement anormal et d'une particulière gravité ;

Que la fonction juridictionnelle se matérialise à travers les décisions judiciaires, y compris les actes préparatoires et les actes d'exécution desdites décisions ;

Que dans ces conditions, la responsabilité de l'Etat pour dysfonctionnement du service public de la justice judicaire ne peut être recherchée devant le juge judicaire que pour faute lourde ou déni de justice ;

Attendu qu'en l'espèce, le préjudice dont se prévaut sieur SA… serait consécutif à sa détention à la maison d'arrêt dans le cadre des événements liés à l'attaque des éléments de la Force publique au domicile de NT… en date du … ;

Qu'il ressort en effet des faits de la cause, qu'il a été reproché à monsieur SA… des faits suivants : association de malfaiteurs, rébellion, assassinat, coups et blessures volontaires aux agents de la Force publique dans l'exercice de leurs fonctions avec intentions de donner la mort, etc. ;

Qu'il a été non seulement détenu à la maison d'arrêt sans la moindre observation de la procédure à suivre s'agissant des poursuites pénales, mais encore la justice l'a totalement blanchi par un arrêt criminel n°... du ... de la Cour d'appel de B... ;

Or attendu qu'un arrêt désigne une décision rendue par les juridictions de degré supérieur par lequel, en procédure pénale, un juge décide des chefs d'accusation d'une personne, en l'occurrence, en la cause sieur SA..., et se rattache par conséquent à l'exercice des fonctions juridictionnelles, non détachables du fonctionnement du service de la justice judiciaire, d'une part ;

Que d'autre part, la détention arbitraire ou illégale alléguée ne s'inscrit nullement dans l'organisation de la justice, comme la création et l'installation des juridictions et services judiciaires, mais traduit parfaitement la défectuosité, mieux le dysfonctionnement du service public de la justice ;

Qu'il s'ensuit que les préjudices dont le requérant sollicite la réparation sont consécutifs au fonctionnement défectueux de la justice judiciaire ; que le Tribunal administratif saisi, en vertu des principes énoncés ci-dessus, ne saurait connaître matériellement du présent litige, d'autant plus qu'il relève de la compétence du juge judicaire en tant que juge des libertés individuelles et juge de la responsabilité de l'action judiciaire ;

Qu'il s'ensuit dès lors que l'argument du requérant selon lequel le Tribunal administratif est compétent en la matière, ne saurait prospérer ;

Qu'ainsi, l'Etat congolais est bel le bien fondé à soulever la présente exception d'incompétence ;

Qu'en conséquence, il convient pour le Tribunal administratif de céans de se déclarer incompétent matériellement pour connaître du présent litige, sans examen au fond et renvoyer sieur SA... à mieux se pourvoir devant la juridiction compétente, ainsi qu'il en avisera ;

Sur les dépens

Attendu qu'aux termes de l'article 57 du code de procédure civile, commerciale, administrative et financière, la partie qui succombe est condamnée aux dépens ;

Que dans le cas d'espèce, sieur SA… a succombé ;

Qu'il y a lieu pour le tribunal de le condamner aux dépens ;

EN CONSEQUENCE

Vu ce qui précède ;

Vu l'article 57 de la loi n°51-83 du 21 avril 1983 portant code de procédure civile, commerciale, administrative et financière ;

Vu les principes généraux du droit sus-évoqué ;

Conclut qu'il plaise au Tribunal administratif de céans de :

- Se déclarer incompétent matériellement pour connaître du présent contentieux lié au fonctionnement défectueux de la justice, sans examen au fond et de renvoyer sieur SA… à mieux se pourvoir devant la juridiction compétente, en tant que juge des libertés individuelles et juge des actes judiciaires, ainsi qu'il en avisera ;
- Le condamner aux dépens/.

Fait au parquet, le … (date)

Le Procureur de la République

Conclusions n°17

Ordonner une enquête

Affaire ayants droit de feu Bi… C/ l'Etat congolais

COUR D'APPEL DE B… (Nom de la ville)

TRIBUNAL DE GRANDE INSTANCE DE B…

(Nom de la ville)

PARQUET DU PROCUREUR DE LA

REPUBLIQUE

N °______/…………

RÉPUBLIQUE DU CONGO

Unité*Travail*Progrès

CONCLUSIONS DU MINISTERE PUBLIC

Affaire : Ayants droit de feu Bi… (noms, prénoms, profession, situation matrimoniale, nationalité et domicile) représentés par dame KA… ;

Contre : L'Etat congolais, pris en la personne de son représentant légal, monsieur le garde des sceaux, ministre de la Justice, ayant pour conseil maître GO…, Avocat à la Cour ;

Objet : Assignation en indemnisation ;

Le procureur de la République près le tribunal de grande instance de B… (nom de la ville) ;

Vu l'entier dossier communiqué ;

Les faits de la cause

Attendu qu'il ressort des pièces du dossier, notamment de la requête introductive d'instance et des conclusions des ayants droit de feu Bi… d'une part et des conclusions de l'Etat congolais d'autre part, que le contentieux dont il s'agit se rapporte à la réparation d'un préjudice du fait de la responsabilité de l'Etat ;

Attendu, à cet effet, que selon le droit positif congolais, la responsabilité ne peut résulter d'un fait que s'il est établi un lien de causalité entre le préjudice causé et la faute commise ;

Qu'à l'analyse des pièces figurant au dossier, aucune preuve tangible ne permet d'établir cette responsabilité ;

Que seule une enquête peut permettre d'aboutir à la manifestation de la vérité en établissant la matérialité des faits et le lien de cause à effet entre la faute commise et le préjudice invoqué ;

Que l'article 150 du code de procédure civile, commerciale, administrative et financière prévoit que : « l'enquête peut être ordonnée sur des faits de nature à être constatés par témoins et dont la vérification apparaît admissible et utile au jugement de l'affaire » ;

Qu'il convient par conséquent d'ordonner une enquête ;

EN CONSEQUENCE

Vu l'article 150 du code de procédure civile, commerciale, administrative et financière ;

Conclut qu'il plaise au tribunal :

- Ordonner une enquête sur les faits de ladite cause ;
- Nous renvoyer ultérieurement le dossier pour nos conclusions au fond./-

Fait au parquet, le… (date)

Le procureur de la République

Conclusions n° 18

Rejet de l'exception d'irrecevabilité, injonction de conclure au fond

Affaire sieur OB...C/ l'Etat congolais et la société nationale de distribution d'eau (SNDE)

COUR D'APPEL DE B… (Nom de la ville)	RÉPUBLIQUE DU CONGO
TRIBUNAL DE GRANDE INSTANCE DE B… (Nom de la ville)	Unité*Travail*Progrès
PARQUET DU PROCUREUR DE LA REPUBLIQUE	-------------
N °______/…………	

CONCLUSIONS DU MINISTERE PUBLIC

Affaire : Sieur OB… (nom, prénoms, profession, situation matrimoniale, nationalité et domicile), ayant pour conseils maîtres BR… et LO…, avocats à la Cour ;

Contre : L'Etat Congolais, pris en la personne de son représentant légal, monsieur le garde des sceaux, ministre de la justice, ayant pour conseil maître MA…, avocat à la Cour et la société nationale de distribution d'eau (SNDE), ayant pour conseil maître DE…, avocat à la Cour ;

Objet : Requête aux fins d'indemnisation ;

Le procureur de la République près le tribunal de grande instance de B… (nom de la ville) ;

Vu l'entier dossier communiqué ;

Les faits de la cause

Attendu qu'il résulte que par requête en date du…, sieur OB… a saisi le tribunal de grande instance de céans, siégeant en matière administrative, aux fins de s'entendre condamner l'Etat congolais et la S.N.D.E à lui payer la somme de vingt-six millions huit cent vingt mille (26.820.000) francs CFA à titre de dommages- intérêts et condamner l'Etat congolais aux dépens ;

Qu'au soutien de sa requête, sieur OB... expose qu'il est propriétaire d'un domaine aux villages Manianga et Gamakosso sur la route nationale n°2 ;

Que son droit de propriété est attesté par une décision du chef de district de B... en date du 27 septembre 1969 et par une attestation de reconnaissance de propriété établie le 12 octobre 2001 par le maire de l'arrondissement n° ... (nom de l'arrondissement) ;

Que cependant courant 1985, il a été dépossédé de 774 parcelles faisant partie de son domaine, sans qu'aucune procédure légale soit respectée ;

Que depuis 1985, il a sollicité de l'Etat congolais et de la S.N.D.E l'indemnisation du préjudice subi du fait de cette dépossession, lequel il évalue à la somme de vingt-six millions huit cent vingt mille (26.820.000) francs CFA ;

Qu'ayant pourtant admis le principe d'indemnisation, ainsi que l'attestent les deux correspondances versées au dossier, l'Etat congolais et la S.N.D.E n'y ont point procédé ;

Que la première correspondance émanant du Directeur général président de la S.N.D.E est ainsi libellée :

« Au camarade Ministre de l'Energie et de

« L'hydraulique

« Brazzaville.

« Camarade Ministre,

« Je vous prie de trouver, ci-jointe, suite à

« Votre demande, la fiche n°156 du 31

« Octobre 1985 élaborée par mes services contenant

« les propositions d'indemnisations

« des habitants du village Manianga, sur le

« site duquel a été construite la nouvelle
« usine de traitement d'eau de Djiri.
« Les propositions ainsi faites ne tiennent pas
« compte des dispositions de la constitution selon
« lesquelles, la terre appartient à l'Etat,
« mais de la pratique courante qui fait de
« Certains notables des propriétaires terriens.
« En tout état de cause et quelle que soit la
« Suite à réserver à la requête des chefs du
« village Manianga qui ont évalué à
« vingt-cinq millions vingt mille (25.020000)francs CFA,
« le montant de leur indemnisation,
« le règlement de celle-ci ne
« pourrait être assuré que par l'Etat en
« raison du fait qu'il s'agit bel et bien
« d'une expropriation pour cause d'utilité publique.
« vous voudrez bien me dicter la conduite
« à tenir dans cette affaire. En attendant,
« je me propose d'entreprendre des négociations
« avec le chef OB... pour recueillir
« ses dernières propositions et lui apporter
« les apaisements nécessaires.
« veuillez agréer, Camarade ministre, l'expression
« de ma respectueuse collaboration
« Si...» ;

Que la deuxième correspondance, quant à elle, émanant du ministre des Mines et de l'Energie, ressort :

« Au Camarade Ministre du plan et de l'Economie

« Brazzaville

« Camarade Ministre cher collègue,

« Dans le cadre du renforcement du système

« d'alimentation en eau potable, de la ville

« de Brazzaville, plusieurs terrains ont été occupés pour

« cause d'utilité publique.

« Ces occupations se sont opérées au niveau de

« l'exhaure (rivière Djiri), de la station de

« traitement d'eau potable, du réservoir

« semi-enterré à 1000m^3 et au passage du

« réseau primate.

« Aussi ai-je l'honneur de vous transmettre,

« pour compétence, ce dossier qui évalue financièrement

« ce qui précède, pour une éventuelle

« indemnisation des propriétaires.

« Vous en souhaitant bonne réception, je vous

« prie d'agréer, camarade ministre et cher

« collègue, l'assurance de ma franche collaboration.

« R. AD...» ;

Qu'au résultat de ces deux (2) correspondances, OB... estime qu'une partie de son domaine a fait l'objet d'une procédure d'expropriation pour cause d'utilité publique, sans en respecter les formes légales ;

Qu'après avoir satisfait au préalable de conciliation, il s'adresse à la justice pour obtenir l'indemnisation du préjudice subi, laquelle l'Etat Congolais et la S.N.D.E ont pourtant reconnu, mais refusent d'allouer ;

Attendu qu'en réponse, la S.N.D.E, par le biais de son conseil, a le … (date) conclu principalement à sa mise hors de cause, subsidiairement au débouté de monsieur OB… et de façon reconventionnelle à la condamnation de OB… au paiement de trois millions (3.000.000) de francs CFA pour procédure abusive et vexatoire ainsi qu'à sa condamnation aux dépens de l'instance, y compris aux frais et émoluments taxés de l'avocat ;

Que d'une part, la S.N.D.E soutient sa mise hors de cause en s'appuyant sur le fait que s'il y a eu expropriation pour implanter la nouvelle usine de traitement d'eau de Djiri, l'auteur de l'expropriation ne peut être que l'Etat, la S.N.D.E n'ayant pas les prérogatives de puissance publique en cette matière ;

Qu'elle n'est d'ailleurs ni propriétaire des terrains, ni de l'usine de traitement d'eau de Djiri, l'Etat étant propriétaire desdits terrains et des installations édifiées sur le site, la mise hors de cause de la S.N.D.E s'impose ;

Que d'autre part, subsidiairement, la S.N.D.E soutient le rejet des réclamations de OB… en argumentant que la prétendue expropriation pour laquelle il est réclamée indemnisation est intervenue dans le courant de l'année 1985 ;

Qu'à cette époque, c'était la constitution du 8 juillet 1979 qui était en vigueur ;

Que cette constitution qui stipulait dans ces principes généraux que « la terre appartenait au peuple », ne reconnaissait aucun droit aux propriétaires fonciers ;

Qu'ainsi l'Etat n'était pas obligé d'engager une procédure d'expropriation pour affecter et attribuer les terrains nécessaires à l'implantation de la nouvelle usine de traitement d'eau de Djiri ;

Que si OB… n'avait aucun droit en 1985 sur les terrains où la nouvelle usine de traitement d'eau fut implantée, il ne saurait parler d'expropriation pour cause d'utilité publique au sens légal du terme ;

Que par voie de conséquence, aucune indemnisation n'est due à monsieur OB..., et ce d'autant plus que l'acte de la conférence nationale rétablissant les propriétaires fonciers dans leurs droits, ne présente aucun caractère rétroactif ;

Qu'enfin, de façon reconventionnelle, la S.N.D.E soutient que n'ayant joué aucun rôle actif dans l'attribution du terrain où fut implanté la nouvelle usine de traitement d'eau de Djiri, la procédure engagée contre elle est abusive et vexatoire ;

Que pour cela, elle réclame à OB... le paiement de trois millions (3.000.000) de francs CFA à titre de dommages-intérêts ;

Attendu que l'Etat congolais, également en défense, a conclu en date du ..., à l'irrecevabilité de l'action engagée par OB... et à la nécessité d'ordonner une mesure d'instruction ;

Que s'agissant de l'exception d'irrecevabilité, l'Etat congolais soutient que le requérant OB... n'a pas fait la preuve du dépôt de la requête préalable exigée par l'article 397 de la loi n°51-83 du 21 avril 1983 portant code de procédure civile, commerciale, administrative et financière ;

Que ce défaut de preuve doit être sanctionné par l'irrecevabilité de son action ;

Quant à la nécessité d'ordonner une mesure d'instruction, l'Etat congolais soutient qu'elle se justifie par le souci d'éclairer la religion des uns et des autres sur la matérialité des faits et l'existence de l'étendue des terres dépossédées, et cela conformément aux dispositions des articles 175 et suivants de la loi n°51-83 du 21 avril 1983 portant code de procédure civile, commerciale, administrative et financière ;

Que la mesure d'instruction sollicitée consistera en un transport sur les lieux ;

Attendu qu'en l'état de la procédure, le tribunal est appelé à se prononcer, avant tout examen du fond, sur l'exception d'irrecevabilité soulevée par l'Etat congolais ainsi que sur la mesure d'instruction, notamment le transport sur les lieux demandé par l'Etat congolais ;

SUR QUOI LE MINISTERE PUBLIC

Sur l'exception d'irrecevabilité

Attendu que pour rejeter l'action de OB…, l'Etat congolais a soutenu le défaut de preuve de la requête préalable, conformément aux dispositions de l'article 397 de la loi n°51-83 du 21 avril 1983 portant code de procédure civile, commerciale, administrative et financière ;

Attendu cependant que l'examen du dossier révèle d'une part que OB… a, dans sa requête introductive d'instance, signifié qu'il a satisfait aux dispositions invoquées en adressant, en date du …, deux (2) requêtes préalables, l'une à l'Etat congolais par l'entremise de son représentant légal, le ministre de la justice, l'autre à la Direction générale de la S.N.D.E ;

Que d'autre part, il a fait la preuve matérielle de ses allégations en produisant une photocopie de la requête préalable adressée au garde des sceaux, ministre de la Justice, en date du …, avec la mention de réception de l'administration du … (date) ;

Qu'en conséquence, le tribunal rejettera l'exception d'irrecevabilité soulevée et accueillera l'action de OB… ;

Sur la mesure d'instruction demandée

Attendu qu'au motif d'éclairer la religion des uns et des autres sur la matérialité des faits et l'existence de l'étendue des terres dont OB…a été dépossédé, l'Etat congolais a sollicité du tribunal, avant tout débat, d'ordonner un transport sur les lieux ;

Attendu cependant qu'en l'état de la procédure, cette mesure paraît inopportune ;

Qu'en effet, il résulte des correspondances produites au dossier par OB… et émanant des organes même de l'Etat, que la matérialité des faits objet de la présente procédure ainsi que l'existence des terres dépossédées n'ont jamais été contestées par l'Etat congolais ;

Qu'ainsi, le tribunal n'approuvera pas la mesure d'instruction sollicitée par l'Etat congolais et l'enjoindra à conclure au fond ;

EN CONSEQUENCE

Vu les articles 140, 203, 206, 397 et 398 de la loi n°51-83 du 21 avril 1983 portant code de procédure civile, commerciale, administrative et financière ;

Conclut qu'il plaise au tribunal, avant-dire droit :

- Rejeter l'exception d'irrecevabilité soulevée ainsi que le transport sur les lieux sollicité par l'Etat Congolais ;
- Enjoindre l'Etat congolais à conclure au fond ;
- Nous communiquer ultérieurement la procédure, pour nos conclusions au fond./-

Fait au parquet, le… (date)

Le procureur de la République

Conclusions n°19

Réparation du préjudice

Affaire FO… C/ l'Etat congolais

COUR D'APPEL DE B… (Nom de la ville)

TRIBUNAL DE GRANDE INSTANCE DE B…

(Nom de la ville)

PARQUET DU PROCUREUR DE LA

REPUBLIQUE

N °______/…………

RÉPUBLIQUE DU CONGO

Unité*Travail*Progrès

CONCLUSIONS DU MINISTERE PUBLIC

Affaire : FO… (nom, prénoms, profession, situation matrimoniale, nationalité et domicile), ayant pour conseil maître OB…, avocat à la Cour ;

Contre : L'Etat congolais, pris en la personne de son représentant légal, monsieur le garde des sceaux, ministre de la justice, ayant pour conseil maîtres MO… et OB…, avocats à la Cour ;

Objet : Requête aux fins d'indemnisation ;

Le procureur de la République près le tribunal de grande instance de B… (nom de la ville) ;

Vu le dossier communiqué et l'ensemble des conclusions échangées entre les parties ;

Les faits de la cause

Attendu qu'il s'en évince que par requête en date du ..., FO… a, par l'organe de son conseil, assigné l'Etat congolais en allocation de prothèse, réparation de préjudice et indemnisation devant le tribunal de grande instance de B…(nom de la ville) siégeant en matière administrative ;

Qu'à l'appui de sa requête, il expose qu'en 1983 étant sous-officier de l'APN fraîchement diplômé, il a été affecté en qualité d'opérateur radio au bataillon des transmissions ; que l'année suivante en raison des écoutes répétées de sons de morse dues à l'utilisation prolongée des appareils de communication pendant des heures de travail, ses capacités auditives se sont gravement dégradées, lui provoquant maux de tête et bourdonnements d'oreilles ; que néanmoins et malgré toutes ses démarches, cette maladie d'origine professionnelle constatée par des certificats médicaux n'a jamais été l'objet ni de prise en charge, ni de traitements en milieu hospitalier de la part de l'Etat congolais son employeur, et ce, malgré tous les justificatifs et notamment divers certificats médicaux qu'il a fournis à tel point qu'au moment de sa saisine du tribunal en 2007, son mal s'étant considérablement aggravé, l'observation médicale rapporte, à son sujet, qu'il a ainsi acquis une surdité de réception bilatérale à un point si avancé, qu'il a fallu lui prescrire une prothèse auditive, car l'invalidité qui l'affecte se caractérise par des taux fixés dans les proportions suivantes :

- ITT 20 ans ;
- ITP 50% sur 3 ans ;
- IFM 60% ;
- Pretium doloris important ;
- Préjudice esthétique important ;
- Préjudice d'agrément très important ;
- Retentissement professionnel important ;

Que par suite il a été au plan professionnel strictement exempté de tous examens de tir, de tout travail en milieu bruyant, des tours de garde ainsi que des manœuvres militaires ;

Attendu que le requérant ajoute qu'en date du ..., il adressait une requête préalable au garde des sceaux, ministre de la justice, lequel l'a éconduit le ... (date, un mois après) ;

Qu'ainsi, s'estimant fondé à s'adresser à la justice, il sollicite du tribunal de céans, que lui soit allouée la prothèse auditive médicalement prescrite ; qu'il réclame, de même, le paiement de la somme de cinquante millions (50.000.000) de francs CFA, en réparation du préjudice qu'il dit avoir conséquemment subi ;

Attendu qu'en réponse l'Etat congolais conclut au débouté du requérant premièrement pour n'avoir pas produit la réponse explicite de la chancellerie qui a rejeté sa requête préalable et singulièrement, pour n'avoir pas suivi la procédure régulière en cas de maladie d'un fonctionnaire ; qu'il lui est reproché notamment de n'avoir pas observé la procédure prévue au code de la sécurité sociale pour faire déclarer, si seulement son cas est avéré, sa maladie professionnelle ; que subsidiairement l'Etat articule sur l'absence de fondement juridique qui viendrait soutenir la demande d'indemnisation du requérant ; que très subsidiairement, les avocats conseils de l'Etat, concluent au rejet de l'exécution provisoire sollicitée ;

Attendu que de façon réitérée le requérant concluant, a sollicité l'entier bénéfice de sa requête ; que cependant son adversaire articule mêmement dans le maintien de son argumentation ;

SUR QUOI LE MINISTERE PUBLIC

Attendu dans l'espèce présente que le requérant réclame réparation pour les dommages qu'il a subis du fait d'une maladie professionnelle ;

Sur l'avis expressément exprimé par la chancellerie, du rejet de la requête préalable

Attendu conformément aux dispositions de l'article 397 du code de procédure civile, commerciale, administrative et financière qui dispose que : « toute action ne peut être portée en justice si elle n'a été précédée d'un recours gracieux ou hiérarchique, ou d'une demande préalable » ;

Que quiconque désire ester devant les juridictions et contre l'Etat, est astreint à une procédure préalable de conciliation, laquelle s'introduit par requête présentée au garde des sceaux, ministre de la Justice ;

Mais attendu qu'aux termes de l'article 398 du CPCCAF : «le silence gardé plus de 4 mois par l'autorité administrative vaut décision de rejet du recours gracieux ou hiérarchique...» ;

Attendu qu'ainsi, il est en fait abandonné au requérant, le choix d'imaginer que la réponse à leur requête aura donc été négative, lorsque dans un délai de quatre (4) mois, au total, l'administration ne leur a fourni aucune réponse ;

Or attendu en l'espèce que la requête préalable de FO... introduite à la date du ... a expressément été rejetée par une lettre du directeur de cabinet du garde des sceaux, ministre de la justice et des droits humains, signé dès le ... (date), soit à peine dans les trente (30) jours qui suivaient lorsqu'il lui est répondu que « en réponse et sur instructions du ministre d'Etat, je me permets de vous dire que vos allégations ne sont étayées d'aucun élément de preuve permettant d'entreprendre l'examen de votre requête... » ;

Attendu que FO...en s'adressant au tribunal a bien rapporté, telle que l'obligation lui en est faite par la procédure, avoir essuyé un refus face à l'autorité administrative :

Qu'aux termes de l'article 399 du CPCCAF, «la requête introductive d'instance doit, à peine de nullité, viser la réponse implicite ou explicite de l'administration» ;

Qu'au vu de cette abondance, il ne saurait être continué par l'Etat à opposer au requérant de remplir la formalité d'une prétendue requête préalable, sans verser dans l'iniquité ;

Sur la procédure à suivre en cas de maladie professionnelle d'un soldat

Attendu que FO... a été recruté dans les forces armées ; que de là, il ne saurait être imaginé que le requérant, aujourd'hui officier de police, ayant en son temps été objet d'un recrutement régulier, était déjà au moment de la souscription, atteint des malformations auditives dont il se plaint aujourd'hui ;

Or attendu qu'au sein des forces armées, l'aptitude physique du candidat au recrutement est un critère sine qua non de son admission ; que si par suite il arrivait qu'un soldat, durant sa durée de service en vienne à perdre son aptitude physique, cette incapacité acquise est dûment constatée par la commission administrative de réforme, prévue à la fois par l'instruction militaire n°212/PR du 21 décembre 1962, autant que par décret n°84/879 du 28 septembre 1984 ; que cette commission a pouvoir de décider du lieu ou non, de conserver un soldat devenu inapte, dans les rangs des forces armées ;

Attendu toutefois que la convocation et la réunion de la commission administrative de réforme précitée, ne dépend aucunement ni du bon vouloir, ni encore moins, de la discrétion du soldat devenu inapte ;

Attendu en l'espèce que FO… a pourtant, après moult tergiversations, et suite à l'avis du directeur central de la condition du policier exprimé en date du …, bel et bien été soumis à cette commission administrative de réforme ; que celle-ci curieusement, n'a rien décidé en son endroit ; que ce n'est pas faute pour ce requérant malade et, qui en apporte la preuve, d'avoir frappé à toutes les portes pour obtenir, mais bien vainement, que son droit soit établi et sa santé conséquemment prise enfin en charge ;

Attendu, vu que la procédure en ce qui concerne FO… est celle de la convocation de la commission de réforme applicable aux militaires en matière de maladie professionnelle, que c'est bien maladroitement, ou sinon carrément de bien mauvaise foi, que les conseils de l'Etat sollicitent le débouté du requérant au motif que celui-ci n'aurait pas usité pour ce faire, de la procédure organisée plutôt par le code de la sécurité sociale, lequel en l'occurrence, ne le concerne en rien ;

Sur la réalité de la maladie professionnelle du requérant

Attendu en fait qu'une maladie s'entend de l'état physiologique ou psychologique d'un sujet dont la santé et le bon fonctionnement de l'organisme sont affectés ; qu'ainsi la maladie dont la cause doit avoir été diagnostiquée (en l'espèce la soumission et l'exposition prolongées aux matériels d'écoute téléphoniques) emporte altération de la santé et des fonctions des êtres vivants ;

Attendu en droit que lorsque les dysfonctionnements dont s'agit trouvent leur source dans l'exercice d'une activité professionnelle, la maladie subséquente est qualifiée professionnelle ;

Attendu dans l'espèce présente qu'il est rapporté que FO..., fraîchement formé après son recrutement, avait été affecté à des tâches réitérées et prolongées d'écoutes téléphoniques qui lui ont coûté des troubles auditifs lesquels l'ont conduit à consulter ;

Que FO... produit au soutien de ses prétentions un certain nombre de documents médicaux, dont des certificats, qui ne laissent aucun doute quant à la réalité de la dégradation de son système auditif ;

Qu'ainsi son état pathologique, à l'inverse de ce que tentent vainement de soutenir les avocats-conseils de l'Etat et, loin d'être le fait d'une constatation judiciaire qu'ils voudraient d'office dénier au juge, l'affirmation et la caractérisation de la maladie du requérant est scientifiquement à la fois l'établissement et la conclusion d'une expertise médicale, faite par l'homme de l'art ;

Attendu conséquemment qu'il s'en évince la preuve établie, réelle et suffisante que FO... est bel et bien atteint de « surdité de perception bilatérale », et que sa maladie est sans le moindre doute d'origine professionnelle ;

Sur le bien-fondé de la demande en réparation

Attendu que FO... n'a eu de cesse dès l'année 1984, de réclamer que sa pathologie d'origine professionnelle soit reconnue et son état conséquemment pris en charge par son employeur, à un moment où sa santé n'accusait pas encore la gravité qu'elle a acquise depuis ; qu'il s'agissait alors en son temps, de simplement lui fournir une prothèse auditive pourtant ;

Mais qu'à cause de la sourde oreille de l'administration, son état dépressif empirant, il est aujourd'hui atteint de surdité telle que le rapporte le certificat médical joint au dossier, ce qui assurément constitue un handicap permanent et définitif, qui lui cause désagrément et même préjudice ;

Attendu que les faits allégués en la cause par le sieur FO... pour poursuivre la responsabilité de l'Etat sont essentiellement constitués par la négligence et les vexations dont il a été l'objet tout ou long de ses revendications lesquelles pourtant étaient fondées ; que le requérant invoque, au fond, la responsabilité de l'Etat congolais de ce fait ;

Attendu en droit que si la responsabilité qui peut incomber à l'Etat pour les dommages causés aux particuliers à l'occasion ou durant l'exercice de leur service n'est ni générale, ni absolue, il est en revanche d'un grand devoir et d'un principe sacré que l'Etat est tenu d'assurer à tous les citoyens, singulièrement aux fonctionnaires, les conditions maximales pour leur bonne santé ;

Attendu qu'il ne saurait conséquemment pas être prétendu par son employeur, de n'être pas responsable de l'état dégénératif actuel de FO..., car l'Etat notamment n'a pas en temps opportun pris toutes les mesures qui étaient de son devoir, à l'effet de prévenir le préjudice dont FO... se plaint aujourd'hui ;

Attendu que le requérant a graduellement mais en vain, sollicité les diverses autorités de l'Etat, susceptibles de prendre en charge sa maladie, puis le préjudice qu'il a subi, que c'est faute de n'avoir trouvé un règlement négocié que le sieur FO..., s'est vu dans l'obligation de saisir régulièrement la juridiction de céans, pour obtenir en justice, que soient reconnus ses droits ;

Attendu que les pièces au dossier établissent avec suffisance que ce citoyen est bien en droit de réclamer que lui soit allouée la prothèse auditive médicalement prescrite et qu'il devra lui être fait bon droit de cela ;

Attendu en revanche en ce qui concerne l'allocation de dommages-intérêts au titre de la réparation de tout le préjudice qu'il a subi, que l'estimation chiffrée à francs cinquante millions (50.000.000) CFA, apparaît en l'état surestimée ; que notamment le requérant ne rapporte aucun autre élément de conviction, qui puisse soutenir que le taux de sa réparation soit maintenue à ce niveau ;

Attendu que dans ces conditions, il sied de s'en remettre à la jurisprudence habituelle de la juridiction de céans en matière de réparation ;

EN CONSEQUENCE

Vu ce qui précède ;

Vu les articles 140, 203, 206, 397 et 399 de la loi n°51-83 du 21 avril 1983 portant code de procédure civile, commerciale, administrative et financière ;

Conclut qu'il plaise au tribunal de grande instance de céans ;

- Accueillir le sieur FO… en son action en responsabilité publique à l'égard de l'Etat congolais ;
- L'en dire bien fondé ;
- Ordonner conséquemment que lui soit allouée la prothèse auditive médicalement prescrite ;
- Lui allouer ensuite une juste indemnisation pour le préjudice rapporté./-

Fait au parquet, le… (date)

Le procureur de la République

Conclusions n°20

Communication des pièces, transport sur les lieux et enquête

Affaire sieur MA... C/ la caisse de retraite des fonctionnaires (CRF)

COUR D'APPEL DE B… (Nom de la ville)

TRIBUNAL DE GRANDE INSTANCE DE B…

(Nom de la ville)

PARQUET DU PROCUREUR DE LA REPUBLIQUE
N °______/…………

RÉPUBLIQUE DU CONGO
Unité*Travail*Progrès

CONCLUSIONS DU MINISTERE PUBLIC

Affaire : Sieur MA… (nom, prénoms, profession, situation matrimoniale, nationalité et domicile), ayant pour conseil maître NZ… avocat à la Cour ;

Contre : La Caisse de retraite des fonctionnaires (CRF), ayant pour conseil maître GA…, avocat à la Cour ;

Objet : Restitution de carnets de pension et paiement d'arriérés gelés ;

Le procureur de la République près le Tribunal de grande instance de B… (nom de la ville) ;

Vu le dossier communiqué ;

Les faits de la cause

Attendu qu'il en résulte que par requête datée du …, le sieur MA… a saisi le tribunal de grande instance de céans, siégeant en matière administrative, aux fins de s'entendre condamner la caisse de retraite des fonctionnaires (C.R.F) à lui payer ses arriérés gelés des mois de novembre 1993, août 1994, décembre 1994 et décembre 1995 ;

Qu'au soutien de sa requête, il expose qu'il s'est vu confisqué ses anciens carnets de pension arrivés à expiration par la CRF, lesquels comportaient les souches de paiement des mois d'arriérés revendiqués, mais qu'il lui est opposé l'argument pourtant selon lequel il aurait perçu les sommes qu'il réclame depuis fort longtemps ; que ses dénégations n'ont apporté aucun changement d'attitude des agents de la CRF lesquels continuent à soutenir qu'il aurait perçu l'argent revendiqué ; que tout accès à la hiérarchie et notamment à la direction générale, auprès de laquelle il espérait pouvoir plaider sa cause et rétablir la réalité des paiements réellement encaissés lui étant refusé, il a, de guerre lasse, dû se résoudre à saisir la justice pour trouver une voie de sortie à la crise qui s'est installée et qui perdure ; qu'il verse au dossier les photocopies des pages de ses carnets portant mention desdits arriérés ;

Que renchérissant de façon additionnelle le ... (date), le requérant ajoute à la liste de ses impayés, avec l'arriéré du mois de septembre 1993, le fait que courant l'année 1997, il aurait, sans raison, été payé de façon minorée ; qu'il affirme avoir de la sorte été spolié de la somme de francs vingt-sept mille (27.000) CFA qu'il entreprend additivement de revendiquer ;

Mais attendu que par l'organe de son conseil, la CRF oppose in limine litis au sieur MA... , l'exception de communication de pièces ; que dans ses conclusions en réponse du ... (date), maître GA... s'étonnant de ce qui semble être une requête additive du requérant datée du ... , déclare n'avoir jamais été en possession de la requête initiale du sieur MA... qui a introduit l'instance ; qu'il oppose de même au requérant le fait qu'en lieu et place des carnets litigieux, celui-ci ne produit au dossier que des photocopies que la CRF juge « insuffisantes, pour permettre un contrôle fiable des réclamations » de son adversaire ; que concluant à la production des pièces et notamment des carnets de pension querellés, par son adversaire, l'avocat de la CRF soutient à défaut de cela et pour défaut de fondement, au débouté pur et simple du requérant ;

Attendu que dans ses écritures en réplique du ... (date), l'avocat de la partie demanderesse a conclu après avoir constaté que le défendeur ne contestait pas de façon sérieuse le bien-fondé de la requête de son client, au rétablissement des droits de celui-ci, avant que maître NZ... ne sollicite que soit ordonné un transport sur les lieux et une enquête dans les services de la CRF aux fins d'édification sur les mérites des réclamations de son client ;

Attendu qu'en l'état de la procédure, le tribunal est appelé à se prononcer, avant tout examen du fond, sur l'exception de communication de pièces et le bien-fondé du transport sollicité et de l'enquête subséquente ;

SUR QUOI LE MINISTERE PUBLIC :

Sur l'exception de communication de pièces

Attendu que suivant le texte de l'article 180 du CPCCAF, les exceptions de procédure répertoriées au titre VII chapitre III, doivent à peine d'irrecevabilité, avoir été soulevées "simultanément et avant toute défense au fond ou fin de non-recevoir", que l'article 179 précédent énonce « constitue une exception de procédure tout moyen qui tend à faire déclarer la procédure irrégulière ou à en suspendre le cours.....» ; qu'au premier rang de l'énumération qui s'ensuit figurent les exceptions de communication de pièces ;

Attendu conséquemment que si le défendeur en la cause qui a articulé en ce sens, n'a effectivement pas été en possession de la requête initiale de son adversaire, il importe pour le requérant de lui communiquer régulièrement copie de celle-ci ;

Qu'ainsi, le tribunal accueillera favorablement l'exception de communication de pièces soulevée par le défendeur ;

Sur la mesure d'instruction demandée

Attendu qu'au motif d'éclairer la religion du tribunal sur la réalité des allégations soutenues par le requérant, son avocat a sollicité du tribunal, avant tout débat, d'ordonner un transport sur les lieux et une enquête à la CRF ;

Attendu que si ordinairement une telle demande d'instruction peut paraître prématurée en début d'instance, il apparaît en revanche et dans l'espèce présente, que ce transport apparaît être une mesure particulièrement judicieuse en l'état de la procédure ;

Qu'en effet la CRF elle-même ayant sollicité d'avoir la matérialité des carnets dont le requérant actuellement n'a pu produire que des photocopies, alors même que le demandeur n'a eu de cesse de revendiquer précisément la restitution de ces pièces par cette même CRF, il ne peut qu'apparaître cocasse et à tout le moins mystérieux pour la défenderesse, d'exiger au requérant d'exhiber des documents dont elle-même effectue par ailleurs une rétention indue, aux dires de son adversaire ;

Qu'ainsi, le tribunal ordonnera judicieusement la mesure d'instruction sollicitée par le demandeur, ce qui aura de plus le mérite de combler la demande ardente de la CRF de disposer de documents sur la base desquels, elle serait mieux à mesure de juger le bien-fondé des prétentions de son adversaire ;

EN CONSEQUENCE

Vu les articles 140, 203, 397 et 398 de la loi n°51-83 du 21 avril 1983 portant code de procédure civile, commerciale, administrative et financière ;

Conclut qu'il plaise au tribunal, avant-dire droit :

- Accueillir l'exception de communication de pièces soulevée par la CRF, ainsi que le transport sur les lieux et l'enquête sollicitée par le requérant ;
- Communiquer ultérieurement la procédure à notre parquet, pour nos conclusions au fond./-

Fait au parquet, le... (date)

Le procureur de la République

Conclusions n° 21

La responsabilité de l'administration

Affaire OK… C/ l'Etat congolais

COUR D'APPEL DE P… (Nom de la ville)
TRIBUNAL ADMINISTRATIF DE P… (Nom de la ville)
PARQUET DU PROCUREUR DE LA REPUBLIQUE
N °______/...........

RÉPUBLIQUE DU CONGO
Unité*Travail*Progrès

CONCLUSIONS DU MINISTERE PUBLIC

Affaire : OK… (nom, prénoms, profession, situation matrimoniale, nationalité et domicile) ;

Contre : L'Etat congolais, représenté par les cabinets OB… et BO… avocats à la Cour ;

Objet : Requête aux fins de réparation d'un préjudice ;

Le procureur de la République près le tribunal administratif de P… (nom de la ville) ;

Vu l'entier dossier communiqué ;

Vu les écritures échangées entre les parties ;

Les faits de la cause

Attendu que par requête en date du … à P… (nom de la ville), sieur OK… a attrait l'Etat congolais devant le tribunal de céans aux fins de s'entendre condamner l'Etat congolais à lui payer la somme de soixante-quinze millions (75.000.000) de francs CFA pour toutes causes de préjudice confondues ;

Qu'a l'appui de sa requête, il exposait qu'étant en activité professionnelle à l'administration douanière, il était admis en vertu de la note de service n°00570/MEFPP/DGDDI/DAAF signée par le directeur général des douanes en date du …., à un test de sélection qui avait été organisé par la douane congolaise concernant une formation des élèves contrôleurs pour une durée de deux (02) ans ;

Que la formation devrait se dérouler à l'Ecole nationale des douanes au Burkina Faso ;

Que contre toute attente à la veille de son voyage, il recevait un appel de son chef du personnel, lui signifiant qu'il ne pouvait plus voyager avec les autres collègues admis audit concours, en raison de ce que son dossier avait été écarté par l'école de Ouagadougou pour défaut de production de diplôme requis, en l'occurrence le baccalauréat ou un autre diplôme équivalent ;

Que pourtant dans cette note d'admission figuraient les noms de certains de ses collègues de l'Ecole nationale moyenne d'administration de la promotion … (années), se trouvant dans la même situation que lui ;

Que face à cette injustice, le requérant observait les termes de l'article 397 du code de procédure civile, commerciale, administrative et financière en introduisant des recours à la direction générale des douanes, au ministère de la Justice et des Droits humains ;

Qu'après l'introduction de ces recours, seul le directeur général des douanes répondait par lettre datée du … en confirmant que sa candidature n'avait pas été validée par les autorités de l'école du Burkina-Faso pour défaut de diplôme de Baccalauréat ou d'un équivalent ;

Que devant le silence gardé par l'Etat, et estimant avoir subi un réel préjudice, le requérant saisissait le tribunal de céans afin que justice soit rendue ;

Attendu que l'Etat congolais en date du … par le biais des maîtres OB… et BO… ont conclu tour à tour d'abord à l'irrecevabilité du recours introduit par le requérant pour non-respect des délais de saisine du tribunal de céans en se fondant sur l'article 407 du CPCCAF qui exige que le recours en annulation soit exercée dans un délai de deux (02) mois à compter de la notification ;

Que le requérant ayant introduit sa requête contentieuse le ... (date) ;

Que ce recours contentieux est introduit plus de deux (02) mois après le recours hiérarchique ;

Qu'en conséquence le recours contentieux est irrecevable ;

Attendu qu'ensuite celui-ci a conclu à l'irrecevabilité de cette action en invoquant l'article 408 du CPCCAF en ce que les délais de notification des décisions individuelles courent à compter du jour de leur notification ;

Que sieur OK… avait été signifié de la décision de l'invalidation de son dossier par le directeur général des douanes le … (date) ;

Qu'ayant reçu notification de cette décision d'invalidation le… (date) qui ne peut être contestée par ce dernier ;

Que le délai de deux (02) mois est largement dépassé ;

Que son recours ne saurait être déclaré recevable ;

Attendu qu'enfin en date du … par la plume de maître BO… il a conclu à la mise hors de cause de l'Etat congolais d'autant plus que ce n'est pas lui qui a invalidé son dossier, à l'absence de faute de l'administration dans la cessation des activités professionnelles de celui-ci et à l'absence d'une quelconque injustice de la part de l'administration douanière ;

Que ce dernier n'a versé que l'attestation de son diplôme des carrières administratives et financières (DCAF) en lieu et place du diplôme ;

Que le récépissé des établissements HA… faisant foi ;

Que cette invalidation ne saurait être imputée à l'Etat congolais ;

Que l'injustice dont il se prévaut en ce que ses collègues qui ont voyagé se trouvaient dans la même situation que lui ne peut prospérer parce que si ses autres collègues n'ont pas été recalés par cette école, assurément c'est parce qu'ils avaient fourni les pièces exigées ;

Que l'administration congolaise n'avait pas à exiger l'Etat du Burkina Faso à valider son dossier ;

Attendu que la cessation des activités professionnelles de OK… s'explique non pas par l'admission à ce test, mais par une désertion pure et simple de son poste ;

Qu'à maintes reprises, il avait été interpellé par sa hiérarchie pour reprendre ses activités professionnelles, mais hélas ;

Qu'en conséquence, le tribunal de céans doit le débouter ;

Mais attendu que dans ses conclusions en réplique datées du … et du … le requérant soutient qu'il est victime d'une injustice, car après la correction des épreuves dudit test, sieur YO… en sa qualité de jury du centre était surpris de sa moyenne et tenait à le recaler, il a fallu l'intervention du directeur général des douanes pour faire échec à son complot ;

Que pour preuve en date du …, il a reçu un appel du chargé de la section formation, mais il a été reçu par sieur YO… qui a déclaré ce qui suit : « on t'a écarté parce que tu es déjà trop vieux tu ne peux pas supporter la formation militaire ; tu as déjà atteint la limite d'âge » ;

Que l'Etat étant une personne morale ne commet des fautes qu'au travers de ses agents ;

Que les fautes que commettent les agents de l'Etat engagent la responsabilité de celui-ci ;

Qu'en conséquence, le préjudice tiré de tout ceci doit être justifié ;

<u>SUR QUOI LE MINISTERE PUBLIC</u>

Attendu que pour résoudre ce litige il sied de se prononcer tout d'abord sur les questions de forme avant de se prononcer sur le fond du litige ;

<u>Sur la recevabilité de l'action du sieur OK….</u>

Attendu qu'aux termes des articles 397, 398 et 399 du code de procédure civile, commerciale, administrative et financière il ressort tour à tour que :

« Toute action ne peut être portée en justice si elle n'a été précédée d'un recours gracieux ou hiérarchique, ou d'une demande préalable », que « le silence gardé plus de 4 mois par l'autorité administrative vaut décision de rejet du recours gracieux ou hiérarchique, en cas d'accord entre les parties, la transaction est exécutoire et met fin à toute procédure », que « la requête introductive d'instance doit, à peine de nullité, viser la réponse explicite ou implicite de l'administration » ;

Que dans le litige qui nous ait d'écrit, sieur Ok… a saisi le directeur général des douanes et des droits indirects à travers un recours gracieux en date du… ;

Que parallèlement il a aussi saisi le ministre de la Justice et des droits humains à travers une demande préalable en la même date ;

Que le recours gracieux déposé le … (date) a fait l'objet d'une réponse de la part du directeur général des douanes et des droits indirects le …. (date) ;

Que la demande préalable déposée au ministre de la Justice en date du … a fait l'objet du silence de la part de l'administration ;

Qu'il s'est écoulé plus de quatre (04) mois déjà ;

Que depuis lors l'administration a gardé silence ;

Que le requérant ayant saisi le tribunal de céans en date du …, n'a guère violé les dispositions de l'article 398 du code susvisé ;

Mais attendu que le recours gracieux introduit par lui en date du … a fait l'objet d'une réponse de la part du directeur général des douanes et des droits indirects en date du … ;

Que dans ces circonstances, l'exigence contenue dans l'article 398 du CPCCAF n'a aucune incidence sur la saisine du tribunal de céans, car la loi congolaise n'a pas indiqué les délais à observer avant la saisine du juge lorsque l'administration répond défavorablement de façon explicite à un recours déposé devant elle ;

Avant que le requérant ait visé la réponse explicite de l'administration dans sa requête lorsqu'il affirme ceci : « le directeur général des douanes seul a répondu par lettre 1477 par laquelle il soutient que la candidature du requérant n'avait pas été validée par les autorités de l'école pour défaut du diplôme de Baccalauréat ou de son équivalence .... » ;

Que cela prouve à suffisance que l'article 399 du CPCCAF a été respecté par le requérant ;

Qu'en clair, toutes ces dispositions précitées ont été bel et bien observées ;

Qu'en conséquence, l'action du sieur Ok... mérite d'être déclarée recevable en la forme ;

Sur le bien-fondé de l'action du requérant

Attendu que le requérant attrait l'Etat congolais devant le tribunal administratif de céans aux fins de s'entendre condamner celui-ci à réparer le préjudice qu'il a subi du fait de la décision d'invalidation de son dossier par l'Ecole nationale des douanes de Ouagadougou alors qu'il a été certifié qu'il était admis au test de sélection d'entrée dans cette Ecole au titre des années académiques ... (années) ce conformément à la note de service n°00570/MEFPPPI/DGDD/DAAF ;

Responsabilité de l'Etat congolais tirée de la faute de service

Attendu que l'article 9 du statut général de la fonction publique considère tous les agents recrutés par contrat pour occuper un poste de travail dans un service public de l'Etat, un établissement public administratif ou une collectivité locale comme les agents non-titulaires ;

Attendu que tout agent de la fonction publique est régi par le statut de la fonction publique sous réserve de quelques exceptions ;

Que le statut de la fonction publique en soi fixe les règles qui doivent être respectées en matière des concours ou tests ;

Que c'est à l'administration qu'incombe la charge de faire observer ces règles aux administrés ;

Que l'inobservation de ces règles de la part de l'administration constituera une faute susceptible d'engager sa responsabilité ;

Attendu que l'article 112 du statut général de la fonction publique fixe de façon expresse un certain nombre de conditions qu'il faille observer en ce qu'il dispose « les concours internes d'entrée aux écoles spécialisées de l'administration ainsi que les concours internes d'accès aux corps de la fonction publique sont ouverts à tout fonctionnaire en activité ayant au moins quatre (04) ans d'ancienneté dans son corps, remplissant les conditions de titres et diplômes exigés… » ;

Qu'en l'espèce, sieur Ok… a été recruté en vertu de l'arrêté n°8177/MFPRE/DGCA/SAV portant intégration, titularisation et nomination de certains agents contractuels en application des dispositions du décret n°92-336 du … (date) comme étant un contractuel de la fonction publique ;

Que ce dernier est véritablement un agent non-titulaire qui est en activité au sein de la fonction publique depuis le …, date à laquelle il a été recruté ;

Que le requérant remplissant les conditions de fonctionnaire et d'ancienneté seulement ;

Que l'administration douanière qui a organisé ce test de sélection a tout un service qui s'occupe de la réception des dossiers des candidats ;

Que cette dernière n'a pas remarqué que le dossier de candidature déposé par sieur OK… au test de sélection ne contenait pas le diplôme exigé mais qu'une simple attestation des carrières financières ;

Que l'administration douanière, n'ignorant pas toutes les conditions qu'exige l'article 112 du statut de la fonction publique a commis une faute en permettant à OK… qui ne remplissait que les conditions de fonctionnaire et d'ancienneté et non celles liées au diplôme, de déposer quand même son dossier qui ne contenait qu'une attestation à l'époque des faits sans pourtant invalider sa candidature à ce test de sélection ;

Que c'est cette même administration qui a confirmé son admission par la notification d'une note de service n°00570 prise et signée par l'autorité administrative qu'est le directeur général des douanes et des droits indirects ;

Que ce comportement irresponsable de l'administration douanière constitue une faute de service susceptible d'engager la responsabilité de l'Etat congolais dans ce litige ;

Responsabilité de l'Etat congolais tirée du défaut de notification de la décision individuelle d'invalidation

Attendu que les actes administratifs sont soit publiés soit notifiés selon que l'acte est individuel ou réglementaire ;

Que l'acte individuel est toute décision administrative dans laquelle la personne à qui elle est destinée trouve son nom nommément désigné ;

Que la doctrine exige que les décisions individuelles soient notifiées avec un accusé réception ;

Attendu que la notification d'une décision individuelle écrite ne peut se faire de façon verbale ;

Que c'est inadmissible que la notification d'une décision individuelle écrite soit faite tardivement ;

Que l'inobservation des règles de notification constitue une faute de l'administration ;

Qu'en l'espèce, sieur OK… a eu connaissance de la notification de la décision d'invalidation de son dossier pour défaut de diplôme après le dépôt de son recours gracieux ;

Que ce comportement irresponsable de l'administration constitue une faute susceptible d'engager la responsabilité de l'Etat ;

Sur l'évaluation de la réparation sollicitée

Attendu qu'en réparation du préjudice qu'il affirme avoir subi, sieur OK… sollicite la réparation de son préjudice à hauteur de soixante-quinze millions (75.000.000) de francs CFA ;

Que le préjudice causé par l'administration à ce dernier est énorme ;

Qu'il serait aisé de lui allouer une somme de deux millions cinq cent mille (2.500.000) francs CFA pour tous préjudices confondus ;

<u>EN CONSEQUENCE</u>

Vu ce qui précède ;

Vu les articles 397, 398 et 399 de la loi n°51-83 du 21 avril 1983 portant code de procédure civile, commerciale, administrative et financière, article 112 de la loi n°021/89 du 14 novembre 1989 portant refonte du statut général de la fonction publique ;

Conclut qu'il plaise au tribunal de céans de :

- Déclarer l'action de sieur OK... recevable en la forme ;
- Constater l'inobservation des règles du statut de la fonction publique par l'administration douanière ;
- Constater que le comportement de l'administration douanière est constitutif de faute susceptible d'engager la responsabilité de l'Etat ;
- Constater l'inobservation des règles de notification des décisions individuelles par l'administration douanière/.

Fait au parquet, le… (date)
Le procureur de la République

Conclusions n° 22

Donner acte de la demande de désistement

Affaire NZ… C/ le chemin de fer Congo-Océan

COUR D'APPEL DE P… (Nom de la ville)
TRIBUNAL ADMINISTRATIF DE P… (Nom de la ville)
PARQUET DU PROCUREUR DE LA REPUBLIQUE
N °______/…………

RÉPUBLIQUE DU CONGO
Unité*Travail*Progrès

CONCLUSIONS DU MINISTERE PUBLIC

Affaire : NZ… (nom, prénoms, profession, situation matrimoniale, nationalité et domicile) demandeur, représenté par maître KA…, avocat à la Cour ;

Contre : Le Chemin de fer Congo-Océan (CFCO) ;

Objet : Requête aux fins de désistement du requérant ;

Le procureur de la République près le tribunal administratif de P… (nom de la ville) ;

Vu le dossier en l'état transmis à notre parquet pour nos conclusions ;

Les faits de la cause

Attendu que suivant requête introductive en date à P… (nom de la ville) du … (date), sieur NZ… assignait le CFCO devant le tribunal de céans pour réparation du préjudice subi après avoir été victime d'un accident ferroviaire ;

Qu'au soutien de sa requête, il exposait qu'en date du…, alors qu'il effectuait un voyage à bord du train voyageur Mayombe, il était percuté par ledit train à la gare de MV… (nom de la ville), dans le Koui… (nom du département) ;

Qu'admis à l'hôpital, il était révélé que le requérant avait subi une fracture du bassin et une contusion du pouce de la main droite, laquelle observation était sanctionnée d'un certificat médical indiquant une incapacité partielle permanente et un pretium doloris assez important ;

Que dans le but de se faire rembourser le montant de huit cent vingt-neuf mille cinq (829.005) francs CFA représentant le coût global des dépenses effectuées durant son hospitalisation, sieur NZ... saisissait le directeur général du CFCO par courrier en date du ... ;

Qu'après plusieurs relances restées sans suite, le requérant estimant avoir subi un préjudice saisissait ainsi le tribunal de céans ;

Qu'en s'appuyant tant sur les dispositions des articles 397 et 398 du code de procédure civile, commerciale, administrative et financière (CPCCAF) que sur les prescrits des articles 1240 et 1241 du code civil, le requérant estimait être bien fondé à s'adresser à la juridiction de céans pour demander réparation du préjudice dont seul est civilement responsable le CFCO ;

Qu'ainsi, il sollicitait du tribunal la condamnation du CFCO au paiement des sommes de :

- 829.005 FCFA à titre principal ;
- 7.000.000FCFA à titre d'indemnité et pour tout préjudice corporel subi ;
- Qu'aussi, le condamner aux dépens ;
  Attendu que dans ses conclusions en réponse en date du ..., le CFCO entendait soulever in limine litis, l'exception d'irrecevabilité de la présente action pour vice de procédure ;

Qu'il expliquait que d'une part, le requérant, pour avoir saisi le juge administratif, a violé ainsi les prescrits de la loi du 31 décembre 1957 attribuant la compétence de la réparation des dommages de toute nature causés par un véhicule de l'administration au juge civil ;

Que d'autre part, suivant les dispositions de l'article 179 du CPCCAF, la présente procédure devrait être déclarée irrégulière, par le fait que le requérant aurait saisi le juge non compétent ;

Qu'il demandait ainsi au tribunal de rejeter la présente action avant de mettre les dépens à la charge du trésor public ;

Attendu que par courrier en date du..., maître KA... défendant les intérêts du requérant, sollicitait la radiation de la présente affaire pour une régularisation ;

SUR QUOI LE MINISTERE PUBLIC

Attendu que le tribunal est saisi d'une exception d'incompétence soulevée par le CFCO d'une part, et d'autre part d'une radiation sollicitée par le requérant ;

Attendu qu'il est de principe que lorsque la question de compétence et celle de désistement sont posées simultanément, seule celle relative au désistement devrait retenir l'attention du juge ;

Attendu qu'aux termes de l'article 274 du CPCCAF : « Le désistement est reçu verbalement ou par écrit. L'affaire est rayée par décision verbale inscrite au plumitif » ;

Que le désistement d'instance tel que prévu ci-dessus, est donc la renonciation du requérant à sa demande mettant ainsi fin à l'instance déclenchée ;

Attendu qu'en l'espèce, en date du..., sieur NZ... par l'entremise de son conseil a formulé par écrit une demande de désistement ;

Qu'en formulant une telle demande, le requérant a donc renoncé à la présente espèce ;

Qu'il convient dès lors pour le tribunal, en application de l'article ci-dessus cité, d'y faire droit et rayer en conséquence la présente affaire du rôle du tribunal de céans ;

EN CONSEQUENCE

Vu les dispositions de l'article 274 du CPCCAF ;

Conclut qu'il plaise au tribunal :

- Donner acte de la demande de désistement formulée par sieur NZ… ;

- Prononcer ainsi la radiation de la présente affaire du rôle du tribunal de céans/.

Fait au parquet, le … (date)

Le procureur de la République

Conclusions n° 23

Rejet de l'exception de nullité et de fin de non recevoir, injonction de conclure au fond

Affaire OK... C/ l'Etat congolais

COUR D'APPEL DE P... (Nom de la ville)

TRIBUNAL ADMINISTRATIF DE P... (Nom de la ville)

PARQUET DU PROCUREUR DE LA REPUBLIQUE

N °______/............

RÉPUBLIQUE DU CONGO

Unité*Travail*Progrès

CONCLUSIONS DU MINISTERE PUBLIC

Affaire : OK... (nom, prénoms, profession, situation matrimoniale, nationalité et domicile) ;

Contre : L'Etat congolais, pris en la personne de son représentant légal, Garde des sceaux, ministre de la Justice et des droits Humains, ayant pour conseil maître BO..., avocat à la Cour ;

Objet : Reconstitution de carrière et indemnisation ;

Le procureur de la République près le tribunal administratif de P... (nom de la ville) ;

Vu le dossier de la procédure transmis à notre parquet pour nos conclusions ;

Vu la requête introductive d'instance du ... (date) ;

Vu les conclusions en réponse des parties ;

Les faits de la cause

Attendu que par requête introductive en date à P... (nom de la ville) du ... (date), OK... attrait l'Etat congolais devant le tribunal administratif de P… (nom de la ville) d'une demande de reconstitution de carrière et d'indemnisation ;

Au soutien de son action, il expose qu'il a été officiellement admis dans l'Armée populaire nationale suivant décision n°03063 du … (date) /EMG/APN/DOMR ;

Que gendarme au grade d'adjudant depuis le … (date), sa carrière a connu un blocage, alors que de nombreuses promotions par lui reçues et encadrées sont devenues des colonels ;

Que c'est ainsi qu'il a commencé à adresser des requêtes en vue de reconstitution de sa carrière à l'administration miliaire qui sans indiquer le motif du blocage de sa carrière a réagi par la suspension de sa solde le … (date) et ce, jusqu'à ce jour ;

Que malgré la suspension de sa solde et le gel de ces avancements, il est toujours à son poste de travail ;

Qu'il a adressé ses requêtes à l'administration militaire, au médiateur de la République et au ministre de la Justice qui se sont avérées comme des coups d'épée dans l'eau ;

Qu'il se tourne au tribunal, dernier rempart du citoyen lésé dans ses droits pour obtenir réparation à deux (02) niveaux : d'abord, la reconstitution de sa carrière jusqu'au grade de colonel, ensuite la réparation pécuniaire qu'il a évaluée à cinquante millions (50.000.000) de francs CFA, ce préjudice équivaut au grade de colonel ;

En réponse, maître BO… pour le compte de l'Etat congolais excipe de l'exception de nullité en soutenant que la requête du requérant n'a pas visé la réponse explicite ou implicite de l'administration ainsi qu'il ressort des dispositions de l'article 399 du CPCCAF ;

Que la disposition légale suscitée prévoit la nullité de la requête introductive d'instance lorsqu'elle ne vise pas la réponse explicite ou implicite de l'administration ;

Que OK… n'a pas expressément visé dans sa requête au tribunal, le refus implicite opposé par le ministère à sa requête préalable ;

Qu'en outre, le requérant a formé une demande préalable, non pas auprès de monsieur le ministre de la Justice et des droits humains, conformément aux prescrits de l'article 397 du code susvisé, mais au secrétaire général à la justice ;

Que c'est ainsi que l'Etat congolais invoque la nullité de la requête du requérant, l'irrecevabilité de son action et, conséquemment, sa condamnation aux dépens ;

SUR QUOI LE MINISTERE PUBLIC

Sur la nullité de la requête

Attendu que l'Etat congolais sollicite la nullité de la requête de OK... motif pris de ce qu'elle n'a pas visé le refus implicite opposé par le ministère à sa requête préalable ;

Attendu qu'il ressort des dispositions de l'article 187 du CPCCAF que la nullité est couverte lorsque celui qui l'invoque fait valoir des défenses au fond ou soulevé une fin de non-recevoir ;

Attendu en l'espèce que l'Etat congolais qui invoque la nullité de la requête de OK… pour vice de forme a aussi soulevé l'inobservation d'un formalisme préalable à la saisine d'une juridiction contre une personne morale de droit public ;

Attendu que ce formalisme préalable conformément à l'article 397 du CPCCAF est sanctionné par une irrecevabilité ;

Que dans ces circonstances l'exception de nullité soulevée par l'Etat congolais est couverte par la fin de non-recevoir ;

Qu'il y a lieu de rejeter l'exception de nullité soulevée ;

Sur la fin de non-recevoir

Attendu que l'Etat congolais oppose contre l'action d'OK… la fin de non-recevoir tirée de l'incompétence de l'autorité auprès de qui a été dirigée la demande préalable ;

Attendu que l'article 397 du CPCCAF dispose que : « toute action ne peut être portée en justice si elle n'a été précédée d'un recours gracieux ou hiérarchique, ou d'une demande préalable» ;

Qu'il résulte de ces dispositions que le requérant avant toute saisine du tribunal doit à peine d'irrecevabilité de son action, former un recours administratif préalable auprès de l'autorité administrative compétente à en répondre au nom de la personne morale de droit public en litige ;

Attendu que la personne morale de droit public ici en cause est l'Etat ;

Que le recours préalable contre l'Etat peut être aussi adressé au Garde des sceaux, ministre de la Justice, en ses bureaux ainsi qu'il ressort des dispositions de l'article 396 du CPCCAF ;

Attendu en l'espèce que OK... a adressé son recours préalable au secrétaire général de la justice au lieu de s'adresser au ministre d'Etat, ministre de la Justice, Garde des sceaux, représentant légal de l'Etat avant de saisir le tribunal de l'action en réparation du préjudice allégué et en reconstitution de carrière ;

Qu'il y a donc lieu de frapper son action à peine d'irrecevabilité ;

Mais attendu par ailleurs qu'il ressort de l'examen des pièces du dossier que le secrétaire général a transmis cette demande préalable de OK... au directeur du contentieux de l'Etat pour compétence ;

Attendu que conformément aux dispositions de l'article 7 alinéa 2 du décret n°2010-299 du 2 avril 2010 portant organisation du ministère de la justice et des droits humains, la direction du contentieux de l'Etat en tant que direction attachée au Cabinet du ministre, est chargée d'examiner les requêtes préalables à la saisine des juridictions nationales contre l'Etat et en donner suite ;

Qu'en agissant ainsi, la demande de OK... est censée parvenir à l'autorité administrative habilitée à examiner et à donner suite au nom de l'Etat ;

Qu'au vu de tout ce qui précède, il y a lieu de dire que les motifs évoqués pour justifier l'irrecevabilité sont couverts et de déclarer en conséquence, l'action de OK… recevable ;

<u>EN CONSEQUENCE</u>

Vu la loi n°13-96 du 20 mars 1996 portant création du tribunal administratif de Pointe-Noire ;

Vu le décret n°2010-299 du 2 avril 2010 portant organisation du ministère de la Justice et des Droits humains ;

Vu les articles 187, 396 et 397 du CPCCAF ;

Conclut qu'il plaise au tribunal :

- De rejeter l'exception de nullité soulevée par l'Etat congolais ;
- De rejeter également la fin de non-recevoir opposée par l'Etat Congolais ;
- De déclarer en conséquence, recevable l'action de OK… ;
- D'enjoindre à l'Etat congolais à conclure au fond./-

Fait au parquet, le… (date)
Le procureur de la République

Conclusions n° 24

L'irresponsabilité de l'administration

Affaire sieur AT... et sieur AY... C/ le port autonome de P... (nom de la ville)

COUR D'APPEL DE P... (Nom de la ville)

TRIBUNAL DE GRANDE INSTANCE DE P...

(Nom de la ville)

PARQUET DU PROCUREUR DE LA REPUBLIQUE
N °______/...........

RÉPUBLIQUE DU CONGO
Unité*Travail*Progrès

CONCLUSIONS DU MINISTERE PUBLIC

Affaire :

- Sieur AT... (nom, prénoms, profession, situation matrimoniale, nationalité et domicile) ;
- Sieur AY... (nom, prénoms, profession, situation matrimoniale, nationalité et domicile), ayant pour conseil le cabinet d'avocat Bi..., avocat à la Cour ;

Contre : Le port autonome de P... (nom de la ville), établissement public à caractère industriel et commercial ;

Objet : Requête aux fins d'indemnisation ;

Le procureur de la République près le tribunal de grande instance de P... (nom de la ville) ;

Vu l'entier dossier communiqué à notre parquet pour nos conclusions ;

Les faits de la cause

Attendu que par requête introductive en date à P... (nom de la ville) du ... (date), les sieurs AT... et AY... ont attrait le port autonome de P... (nom de la ville) devant le tribunal de céans aux fins de s'entendre condamner le port de P... (nom de la ville) à leur payer les sommes suivantes :

- 270.000.000 de francs CFA chacun au titre d'indemnité de salaires pour la période de 5 ans ;
- 100.000.000 de francs CFA chacun à titre de dommages-intérêts pour toutes causes de préjudice confondues ;
- Assortir le jugement à intervenir de l'exécution provisoire nonobstant toutes voies de recours ;
- Condamner le port autonome aux entiers dépens en ce compris les émoluments taxés de l'avocat à la Cour soussigné sur ses offres de droits ;

Qu'au soutien de leur requête, les requérants exposaient qu'ils étaient nommés par arrêtés ministériels et avaient assumé les fonctions de directeurs divisionnaires au sein du port autonome de P… (nom de la ville) ;

Que par ailleurs il avait été promulgué la loi n°22-2010 du 30 décembre 2010 fixant l'âge d'admission à la retraite ;

Que ladite loi avait institué une catégorie socioprofessionnelle des cadres dite « hors catégories» ;

Qu'ainsi le port autonome, comme pour intégrer cette catégorie dans son contexte particulier, avait amorcé des négociations avec les partenaires sociaux courant mois de … (date) en vue de la création de ladite catégorie ;

Qu'en date du …, le port autonome s'était précipité de mettre les requérants à la retraite sans qu'il leur soit réglé une quelconque indemnité de séparation, et ce en inobservation de la loi n°22-2010 du 30 décembre 2010 et sans attendre l'issue des négociations avec les partenaires sociaux ;

Que finalement un protocole d'accord avait été conclu le … (date) précisant les différents cadres qui devraient accéder au rang de « hors catégorie »parmi lesquels, les cadres du port de P… (nom de la ville), placés à la catégorie plafond (C16), nommés par arrêté ministériel et ayant assumé ou assumant les fonctions de directeurs divisionnaires pendant au moins trois (03) ans ;

Que les requérants mis à la retraite devraient en principe être classés dans cette catégorie ;

Qu'en décidant de la mise à la retraite des requérants, et ce avant que la loi n°22-2010 n'ait été effectivement applicable, le port autonome avait commis une faute de service ;

Que d'ailleurs cette décision n'a pas été prise à l'encontre de tous les travailleurs se trouvant dans la même situation que les requérants ;

Que cette faute a causé un réel préjudice aux concluants, lesquels pouvaient encore bénéficier de cinq (05) années supplémentaires de service ainsi que de divers avantages ;

Qu'en vue d'obtenir une réparation à l'amiable, les requérants avaient adressé plusieurs courriers au port autonome, lesquels courriers sont demeurés sans suite ;

Que c'est ainsi estimant que cette décision de l'autorité administrative du port autonome de P… (nom de la ville) est illégale et irrégulière, que les requérants ont saisi le tribunal de céans afin d'y constater avant de prononcer contre le port des sanctions pécuniaires ;

Attendu que la présente affaire avait fait l'objet de plusieurs renvois pour les conclusions du port autonome, lequel n'a daigné conclure ;

SUR QUOI LE MINISTERE PUBLIC

Attendu que les requérants sollicitent du tribunal de céans, la condamnation du port autonome de P… (nom de la ville) pour avoir commis une faute de service en les mettant à la retraite sans pour autant observer les textes en vigueur ;

Attendu que la responsabilité d'une administration ne peut être engagée que si le dommage trouve son origine dans un comportement fautif du service public ;

Que la notion de faute peut se définir comme un manquement à une obligation préexistante ;

Attendu que dans le cas d'espèce, la faute qui est imputée à l'administration du port autonome, c'est d'avoir mis les consorts

AT… et AY… à la retraite deux (02) mois avant qu'il ne soit conclu le protocole d'accord précisant le départ à la retraite pour les agents hors catégorie ;

Attendu que la faute comme il l'a été dit plus haut doit s'entendre comme étant une défaillance dans l'organisation ou le fonctionnement du service ;

Que dans le cas précis, il n'est pas prouvé par les requérants une quelconque défaillance dans le fonctionnement de ladite administration ;

Qu'il est pour autant constant que le port autonome a bel et bien observé la loi n°22-2010 fixant l'âge de départ à la retraite à 60 ans pour les agents de maîtrise et les cadres ;

Que les requérants ne peuvent dès lors se prévaloir du nouveau critère défini dans le protocole d'accord du … (date) ;

Que ce protocole d'accord étant postérieur à leur départ à la retraite, ne peut rétroagir et ne pourra produire des effets que pour l'avenir ;

Que parce que l'administration a un caractère impersonnel, il ne peut être démontré qu'elle a fait preuve d'une mauvaise foi ;

Qu'enfin, en rappelant le principe posé par l'arrêt Blanco en 1873, au terme duquel il a été retenu que la responsabilité de l'administration n'était ni générale ni absolue ;

Qu'il sied dès lors pour le tribunal de déclarer mal fondée l'action des requérants ;

EN CONSEQUENCE

Vu ce qui précède ;

Requiert qu'il plaise au tribunal :

- Dire que le port autonome n'a commis aucune faute de service en mettant à la retraite lesdits agents en application de la loi n°22-2010 fixant l'âge de départ à la retraite à 60 ans pour les agents de maîtrise et les cadres ;

- Déclarer comme mal fondée l'action en indemnisation formulée par les requérants ;
- Condamner les consorts AT… et AY… aux dépens./-

Fait au parquet, le… (date)

Le procureur de la République

Conclusions n° 25

Rejet de l'exception de communication de pièces et injonction de conclure au fond

Affaire sieur IK… C/ l'Etat congolais

COUR D'APPEL DE B… (Nom de la ville)

TRIBUNAL ADMINISTRATIF DE B… (Nom de la ville)

PARQUET DU PROCUREUR DE LA REPUBLIQUE

N °______/…………

RÉPUBLIQUE DU CONGO

Unité*Travail*Progrès

CONCLUSIONS DU MINISTERE PUBLIC

Affaire : Sieur IK… (nom, prénoms, profession, situation matrimoniale, nationalité et domicile), agissant pour le compte de son fils décédé ;

Contre : L'Etat congolais, pris en la personne de son représentant légal, ministre de la Justice, des Droits humains et de la Promotion des peuples autochtones ;

Ayant pour conseil maître OK…, avocat à la Cour ;

Objet : Indemnisation ;

Le procureur de la République près le tribunal administratif de B… (nom de la ville) ;

Vu le dossier à nous communiqué et l'ensemble des conclusions échangées entre les parties ;

Les faits de la cause

Attendu que par requête en date du … à B… (nom de la ville), sieur IK… a attrait l'Etat congolais devant le tribunal de céans aux fins d'indemnisation ;

Qu'il soutient à l'appui de sa requête qu'en date du …, son fils IK…, élève en terminale A au lycée … (nom du lycée) a quitté le toit familial à 7 heures, pour aller suivre, comme de coutume, les enseignements audit lycée ;

Qu'à sa grande surprise, il apprend à 9 heures du matin que ce dernier est assassiné dans l'enceinte même dudit lycée, à l'aide d'une arme blanche, par un ancien prisonnier qui, avant ce crime, s'était évadé de la maison d'arrêt de B… (nom de la ville) suite à la mutinerie de … (date) ;

Qu'ainsi, il estime que l'Etat congolais est responsable de ce fait, non seulement pour avoir failli, par ses agents en service dans ce lycée, à son obligation de veiller à la sécurité des élèves habillés en tenue scolaire, mais aussi du fait que cet acte odieux a été perpétré par un ancien prisonnier fugitif ;

Que pour tenter de trouver une solution amiable, il affirme avoir préalablement saisi, au mois de … (date), le ministre de la Justice, par un recours administratif préalable, qui n'a connu aucune suite, que le délai d'attente de la réponse de l'administration est de quatre (04) mois ;

Que c'est pourquoi, il s'estime fondé à saisir le tribunal de céans pour s'entendre :

- Ordonner à l'Etat congolais le remboursement des frais pour la présente procédure à hauteur de neuf cent soixante mille (960.000) francs CFA ;
- Condamner l'Etat congolais à lui payer la somme d'un milliard neuf cent millions deux cent cinquante mille (1.900.250.000) francs CFA en réparation de toutes causes de préjudices confondues ;
- Condamner l'Etat congolais aux dépens ;

Attendu que par ses conclusions responsives n°1 datées du …, l'Etat congolais par l'entremise de son conseil maître OK…, sollicite du tribunal d'enjoindre au requérant de produire aux débats les pièces nécessaires qui soutiennent ses allégations, au motif que les faits de la cause ne sont pas suffisamment étayés ;

Qu'il se réserve le droit de conclure au fond ;

Attendu que dans ses conclusions datées du …, le requérant réplique que l'exception de communication de pièces soulevée par l'Etat congolais est infondée, parce que les pièces versées aux débats, notamment le rapport circonstancié du proviseur du lycée ... (nom du lycée), suffisent à prouver les faits de la cause, d'une part ;

Que d'autre part, il réaffirme que l'Etat congolais est responsable du décès de son fils pour défaut de sécurité au sein du lycée ... (nom du lycée), et qu'il incombe à l'Etat congolais, pour s'exonérer de sa responsabilité, de démontrer que le meurtre a été commis hors de cet établissement scolaire ;

Qu'ainsi, il sollicite du tribunal de céans de lui adjurer le bénéfice de ses demandes, fins et conclusions et d'enjoindre l'Etat congolais à conclure au fond ;

Attendu que par ses conclusions responsives n°2 datées du ..., l'Etat congolais réitère ses précédentes écritures ;

SUR QUOI LE MINISTRE PUBLIC

Attendu que dans la présente cause, sieur IK... sollicite du tribunal de céans la condamnation de l'Etat congolais, du fait du meurtre de son fils IK... dans l'enceinte du lycée ... (nom du lycée), au remboursement des frais pour la présente procédure à hauteur de neuf cent soixante mille (960.000) francs CFA ainsi qu'au paiement de la somme d'un milliard neuf cent millions deux cent cinquante mille (1.900.250.000) francs CFA en réparation de toutes causes de préjudices confondues ;

Mais attendu que l'Etat congolais sollicite préalablement la communication des pièces nécessaires au soutien de ses allégations, au motif que les faits de la cause ne sont pas valablement prouvés ;

Qu'il y a donc lieu pour le tribunal de céans, avant tout, d'y répondre ;

Sur l'exception de communication de pièces soulevée par l'Etat congolais

Attendu qu'aux termes de l'article 179 du code de procédure civile, commerciale, administrative et financière, les exceptions de communication de pièces constituent des exceptions de procédure entendues comme tout moyen qui tend à faire déclarer la procédure irrégulière ou à en suspendre le cours ;

Qu'en l'espèce, l'Etat congolais sollicite du tribunal d'enjoindre au requérant de produire aux débats les pièces nécessaires qui soutiennent ses allégations, au motif que les faits de la cause ne sont pas suffisamment étayés ;

Mais attendu qu'il résulte de l'examen des pièces versées aux débats, notamment le rapport circonstancié du proviseur du lycée … (nom de la ville), la déclaration de décès et l'acte de décès, que sieur IK... (nom du défunt) est décédé des suites des blessures par arme blanche par un bandit au sein du lycée … (nom du lycée) ;

Qu'il s'ensuit que l'exception de communication de pièces excipée par l'Etat congolais n'est pas fondée ;

Qu'en conséquence, il y a lieu pour le tribunal de la rejeter ;

Mais attendu que l'Etat congolais n'a pas conclu ;

Qu'il convient, dès lors, de l'y enjoindre et de nous renvoyer ultérieurement la présente procédure pour nos conclusions au fond ;

EN CONSEQUENCE

Vu ce qui précède ;

Vu les dispositions de l'article 179 du code de procédure civile, commerciale, administrative et financière ;

Conclut qu'il plaise au tribunal administratif de céans de :

- Rejeter l'exception de communication de pièces excipée par l'Etat congolais ;
- L'enjoindre à conclure au fond ;
- Nous renvoyer ultérieurement la présente procédure pour nos conclusions au fond/.

Fait au parquet, le … (date)

Le procureur de la République

Conclusions n° 26

Rejet des moyens soulevés et indemnisation

Affaire sieur EL..., NI..., MB..., AM..., BI..., MI... C/l'Etat Congolais

<u>COUR D'APPEL DE B… (Nom de la ville)</u>

<u>TRIBUNAL ADMINISTRATIF DE B… (Nom de la ville)</u>

<u>PARQUET DU PROCUREUR DE LA REPUBLIQUE</u>

N °______/...........

RÉPUBLIQUE DU CONGO

Unité*Travail*Progrès

<u>CONCLUSIONS DU MINISTERE PUBLIC</u>

<u>Affaire</u> : Sieurs :

EL… (noms, prénoms, profession, situation matrimoniale, nationalité et domicile) ;

NI… (noms, prénoms, profession, situation matrimoniale, nationalité et domicile) ;

MB… (noms, prénoms, profession, situation matrimoniale, nationalité et domicile) ;

AM… (noms, prénoms, profession, situation matrimoniale, nationalité et domicile) ;

BI… (noms, prénoms, profession, situation matrimoniale, nationalité et domicile) ;

MI… (noms, prénoms, profession, situation matrimoniale, nationalité et domicile) ;

Ayant pour conseil maître ES…, avocat à la Cour ;

Contre : L'Etat congolais, pris en la personne de monsieur le ministre de la Justice, des Droits humains et de la Promotion des peuples autochtones, en ses bureaux, sis à Brazzaville ;

Objet : Requête aux fins de reconstitution, de prolongation de carrière et d'indemnisation ;

Le procureur de la République près le tribunal administratif de B… (nom de la ville) ;

Vu l'entier dossier à nous communiqué et l'ensemble des conclusions échangées entre les parties ;

Les faits de la cause

Attendu que par requête introductive d'instance à B… (nom de la ville) en date du …, sieurs EL… et autres, tous assistants sanitaires, ont attrait l'Etat congolais devant le tribunal administratif de céans aux fins de reconstitution, de prolongation de carrière et d'indemnisation ;

Qu'ils font valoir au soutien de leur requête qu'ils ont été en formation à l'Ecole nationale de formation paramédicale et médico-sociale Jean Joseph LOUKABOU ;

Que la fin de cette formation a été sanctionnée par l'obtention du diplôme d'Etat d'assistant sanitaire.

Que malheureusement, contre toute attente, l'Etat congolais ne les a pas automatiquement intégrés à la Fonction publique en qualité d'agents de l'Etat au service du ministère de la Santé ;

Que par le biais de différents arrêtés ils ont respectivement été engagés à la Fonction publique en qualité d'Assistants sanitaires contractuels, et cela plusieurs années après la fin de leur formation ;

Qu'ils ont par la suite, toujours par le biais de différents arrêtés, bénéficié de la titularisation et nomination dans les cadres réguliers de la Fonction publique ;

Qu'ils allèguent que cette omission d'intégration automatique à la Fonction publique imputable à l'administration constitue une faute leur ayant causé un préjudice incommensurable qui perdure jusqu'à ce jour ;

Qu'en effet, ils n'ont pas pu exercer à temps leur fonction d'agent de santé et donc bénéficier des avantages professionnels qui auraient eu un impact positif dans leurs carrières respectives, à l'opposé de ceux qui ont suivi cette formation en même temps qu'eux et qui ont bénéficié d'une intégration automatique au niveau de la Fonction publique, cela en violation du principe d'égalité des citoyens ;

Qu'ils ajoutent que ce retard à la Fonction publique a eu un impact considérable sur leurs avancements, expériences et donc sur leurs situations professionnelles qui auraient sûrement évolué en matière d'échelon, de classe, de grade et même financier ;

Que l'administration, en agissant ainsi, a violé les dispositions des articles 207 et 242 de la loi n°021/89 du 14 novembre 1989 portant refonte du Statut général de la Fonction publique ;

Que ce préjudice énorme et multiforme qui leur a été causé, mérite réparation selon les dispositions de l'article 47 de la Constitution du 25 octobre 2015 ainsi que des textes internationaux de protection des droits de l'Homme ;

Que par requête préalable datée du … et enregistrée au ministère de la Justice et des Droits humains, ils ont saisi le ministre de la Justice et des Droits humains conformément à l'article 397 du Code de procédure civile, commerciale, administrative et financière ;

Qu'après quatre (04) mois de silence gardé par ce dernier, ils s'estiment en droit de s'adresser à la justice aux fins de :

- Ordonner la reconstitution de leurs carrières respectives ;
- Ordonner la prolongation de leurs carrières pour une durée de cinq (05) ans ;
- Condamner l'Etat congolais à payer à chacun d'eux la somme de vingt millions (20 000 000) de francs CFA à

titre de dommages-intérêts pour l'énorme et multiforme préjudice qu'ils ont subi ;

- Ordonner l'exécution provisoire du jugement à intervenir sans caution, avant enregistrement, nonobstant toutes les voies de recours ;
- Statuer ainsi que de droit sur les dépens ;

Attendu que dans ses conclusions datées du …, l'Etat Congolais sollicite du tribunal de céans de débouter les requérants car étant mal fondés, au motif qu'avant leur formation, ils n'étaient pas des agents de l'Etat ;

Que pour demander la reconstitution d'une carrière, il faut préalablement avoir été agent de l'Etat, obtenir ensuite de son administration l'autorisation d'aller en formation pour perfectionnement, être bénéficiaire d'une attestation de cessation de service et d'une attestation de reprise de service à l'issue de la formation ;

Qu'or les requérants n'ont bénéficié d'une intégration à la Fonction publique qu'à l'issue de leur formation ;

Attendu que dans leurs conclusions en date du …, les requérants excipent le bien-fondé de leur action et sollicitent du tribunal de céans de rejeter tous les moyens soulevés par l'Etat congolais, comme étant mal fondés ;

SUR QUOI LE MINISTERE PUBLIC

Attendu que les requérants allèguent avoir subi un préjudice de la part de l'Etat congolais du fait de leur intégration tardive à la Fonction publique, et de ce fait ils s'estiment ainsi fondés à solliciter du tribunal administratif de céans d'ordonner à l'Etat congolais de procéder à la reconstitution et prolongation de leur carrière ainsi qu'à leur indemnisation pour le préjudice qu'ils ont subi ;

Attendu par ailleurs qu'ils invoquent le principe d'égalité des citoyens en ce qui concerne leur intégration à la Fonction publique ;

Qu'il y a lieu donc pour le tribunal de céans d'y statuer avant tout ;

Sur la violation du principe d'égalité des citoyens soulevée par les requérants

Attendu que la constitution du 25 octobre 2015, dès son préambule, accorde une place majeure au principe d'égalité des citoyens congolais, et le proclame avec force à l'article 15 alinéa 1er en ces termes : « Tous les citoyens congolais sont égaux devant la loi et ont droit à la protection de l'Etat » ;

Qu'il ressort de ce principe que tous les citoyens sont égaux devant la loi et ont droit sans distinction aucune à une égalité de la loi, notamment contre toute forme de discrimination qui tend à rompre l'égalité des citoyens ;

Que l'égalité devant la loi ou l'égalité en droit est le principe selon lequel tout homme doit être traité de la même façon par la loi et qu'aucun individu ou groupe d'individus ne doit donc avoir plus de privilèges garantis par la loi que les autres ;

Attendu qu'en l'espèce, les requérants allèguent que l'administration a procédé automatiquement à l'intégration de leurs collègues ayant suivi la même formation qu'eux, contrairement à ceux qui ont passé plusieurs années après avant d'être recrutés à la Fonction publique, d'abord en qualité d'assistants sanitaires contractuels, puis, plus tard, par le biais d'autres arrêtés en tant que titulaires ;

Que pour cela, ils estiment que l'Etat congolais, en ne les intégrant pas automatiquement comme leurs collègues de la même promotion, a violé le principe d'égalité des citoyens devant la loi, mieux devant la fonction publique ;

Attendu cependant qu'en contentieux administratif, la charge de la preuve incombe à celui qui allègue un fait et qu'en matière de rupture du principe d'égalité des citoyens, il ne suffit pas pour la victime d'en alléguer, mais encore faut-il qu'elle en apporte la preuve par des moyens matériels objectifs ;

Qu'en l'espèce, force est de constater que les requérants n'ont versé aux débats aucune pièce probante susceptible d'attester la rupture d'égalité entre eux et leurs collègues de la même promotion ;

Qu'en l'absence d'une telle preuve, aucune faute ne saurait être imputable à l'administration ;

Qu'il s'ensuit que l'administration n'a aucunement violé le principe d'égalité des citoyens devant la fonction publique ;

Que dès lors, ce moyen soulevé par les requérants n'est pas fondé, et donc n'est pas de nature à engager la responsabilité de l'Etat congolais de ce chef ;

Qu'en conséquence, il y a lieu pour le tribunal administratif de céans de le rejeter comme étant mal fondé ;

Sur la reconstitution de carrière des requérants

Attendu que la reconstitution de carrière est un mécanisme par lequel l'administration est censée dresser le récapitulatif de toutes les périodes de la vie professionnelle d'un agent public et permet de s'assurer s'il n'y a pas eu d'erreur ou d'oubli dans la gestion de ce dernier ;

Qu'autrement dit, la reconstitution de carrière administrative est un procédé légal de revalorisation de la situation administrative d'un agent en tenant compte des conditions liées à l'ancienneté et d'échelon ;

Attendu qu'aux termes de l'article 241 du statut général de la fonction publique : « Les services pris en compte pour le calcul de l'ancienneté sont ceux accomplis en position d'activité, ou de détachement, les congés étant considérés comme période d'activité à l'exception des congés pour convenances personnelles » ;

Qu'il découle de la lecture de cette disposition que la période sur laquelle peut s'effectuer une reconstitution de carrière d'un agent public est celle pendant laquelle cet agent est en position d'activité, de détachement ou d'un congé, exceptés des congés pour des raisons personnelles, mais également en cas d'éviction illégale ;

Que conformément aux articles 124 et 139 du statut général susvisé :

« L'activité est la position du fonctionnaire qui se trouve dans l'une des position suivantes :

- En service ;
- En congé ;
- En stage » ;

  « Le détachement est la position du fonctionnaire placé hors de l'administration, mais continue de bénéficier dans son corps de ses droits à l'avancement et la retraite » ;

Attendu qu'en l'espèce, nonobstant le fait qu'aucune pièce du dossier de la présente procédure ne renseigne sur le moment où les requérants étaient devenus agents de la fonction paramédicale et médico-sociale Jean Joseph LOUKABOU, il est cependant établi que c'est quelques années après leur formation et l'obtention de leur diplôme qu'ils ont bénéficié d'une intégration au sein de la Fonction publique ;

Que du fait de ce retard, ils sollicitent du tribunal de céans d'ordonner à l'administration de reconstituer leurs carrières respectives en prenant notamment en compte les années où ils n'étaient ni en position d'activité, ni de détachement et encore moins de congés, mais plutôt au chômage ;

Mais attendu qu'aucune disposition légale ou aucun principe général du droit n'admet que soit reconstituée la carrière des agents de l'Etat qui n'est ni en position d'activité ou de détachement, ni évincé illégalement ;

Qu'il en résulte que les requérants sont mal fondés en leur demande ;

Qu'ainsi, il est donc judicieux pour le tribunal de céans de débouter les requérants en leur demande de reconstitution de carrière, comme étant mal fondée ;

Sur la prolongation d'activité des requérants

Attendu que les requérants estiment avoir subi un préjudice du fait de leur intégration tardive au sein de la Fonction publique, et, à cet effet, ils sollicitent du tribunal de céans d'ordonner à l'Etat congolais de prolonger leur carrière pour une durée de cinq (5) ans ;

Attendu cependant qu'en contentieux administratif, aucune demande ne peut être formulée dans la procédure contentieuse si elle n'a été formulée préalablement devant l'administration, en vertu du principe sacro-saint de la liaison du contentieux ;

Qu'il découle de ce principe fondamental que les parties, l'objet et même la cause dans une procédure doivent être identiques, tant devant l'administration que devant la juridiction compétente saisie ;

Que les moyens sus évoqués doivent être observés cumulativement et non alternativement de sorte que le défaut d'un seul moyen suffit d'entacher l'action d'irrecevabilité ;

Qu'or il ressort de l'examen minutieux de la requête préalable versée aux débats que les requérants n'ont nullement formulé préalablement cette demande de prolongation de leurs activités devant l'administration, en l'occurrence le ministre de la Justice en date du … ;

Qu'il appert de ce constat qu'il y a incontestablement défaut d'identité d'objet entre le recours préalable des requérants et leur recours contentieux en ce qui concerne leur demande de prolongation d'activités ;

Qu'il s'ensuit dès lors que le contentieux n'est pas lié de ce chef ;

Attendu que le principe de la liaison du contentieux est d'ordre public de sorte qu'il s'impose tant au juge qu'aux parties en cause ;

Qu'en conséquence, il sied pour le tribunal de céans de déclarer irrecevable les requérants en cette demande pour défaut d'identité d'objet, mieux pour violation du principe sacro-saint de la liaison du contentieux ;

Sur l'indemnisation des requérants

Attendu que tout citoyen estimant avoir subi un préjudice de la part de l'administration a droit à en solliciter réparation, tel qu'il résulte des dispositions combinées des articles 46 et 47 de la constitution du 25 octobre 2015 :

> « Tout citoyen a le droit de présenter des requêtes aux organes appropriés de l'Etat. » ;
> « Tout citoyen qui subit un préjudice du fait de l'administration a droit d'agir en justice, dans les formes déterminées par la loi » ;

Attendu que pour être indemnisable, le préjudice doit être réel, certain et évaluable en argent ;

Attendu que l'article 101 du statut général de la fonction publique dispose que : « L'intégration dans un corps de la Fonction publique ne peut intervenir qu'à la suite d'un recrutement par concours » ;

Attendu que l'accès à l'Ecole nationale de formation paramédicale et médico-sociale Jean Joseph LOUKABOU est conditionné par l'admission à un concours dont le quota est fixé par l'administration elle-même en fonction des postes budgétaires disponibles ou supposés être vacants ;

Mais attendu que l'administration, par le bais du concours, est soumise à une compétence liée, ce qui implique qu'elle est obligée de procéder à l'intégration automatique des admis audit concours dont la formation a été régulièrement sanctionnée par un diplôme de sortie ;

Qu'autrement dit, l'administration est tenue de recruter et d'intégrer automatiquement dans ses effectifs ceux qui, après avoir satisfait à un concours d'entrée à la Fonction publique, obtiennent leurs diplômes de fin de formation ou leur attestation de succès ;

Attendu qu'en l'espèce, les requérants allèguent être victimes d'un préjudice incommensurable du fait de l'administration qui, malgré leur admission au concours d'entrée à l'Ecole d'assistants sanitaires et de techniciens supérieur de pharmacie, n'a procédé à leur intégration à la Fonction publique que plusieurs années après cette formation donc d'un retard allant de huit (08) à onze (11) ans, selon les années de fin de leurs formations respectives ;

Qu'à ce titre, ils sollicitent du tribunal de céans d'ordonner à l'Etat congolais de les indemniser à hauteur de vingt millions (20 000 000) de francs CFA pour chacun d'eux ;

Attendu qu'il découle de toute évidence de la lecture des faits de la présente cause et des pièces versées au dossier que les requérants sont réellement victimes d'un préjudice incommensurable qui a freiné l'évolution normale de leurs carrières administratives, pour n'avoir été pas automatiquement intégrés, comme de droit acquis, à la fin de leur formation, d'autant plus qu'ils ont dû attendre plusieurs années avant d'être recrutés à la Fonction publique ;

Que ce retard excessif entre la fin de leur formation et leur recrutement à la Fonction publique leur a causé et continue à leur causer un préjudice qui mérite réparation ;

Que ce préjudice est incontestablement de nature à engager la responsabilité de l'Etat congolais, qui se doit, à cet effet, de procéder à leur indemnisation ;

Attendu cependant que les sommes sollicitées par les requérants paraissent exagérées en leur quantum ;

Qu'ainsi, il y a lieu pour le tribunal de céans de faire droit à la demande d'indemnisation des requérants, tout en ramenant les sommes sollicitées au prorata du préjudice réellement subi du fait du retard excessif de leur recrutement après leur formation ;

Sur les dépens

Attendu qu'en vertu de l'article 57 du code de procédure civile, commerciale, administrative et financière : « La partie qui succombe est condamnée aux dépens. Si les parties ont succombé respectivement sur quelques points, les dépens doivent être partagés » ;

Qu'en l'espèce, les parties ont respectivement succombé sur quelques points ;

Qu'il y a lieu pour le tribunal administratif de céans de faire masse des dépens ;

EN CONSEQUENCE

Vu ce qui précède ;

Vu le Préambule de la Constitution ;

Vu les articles 15, 46 et 47 de la Constitution du 25 octobre 2015 ;

Vu les dispositions des articles 101, 124, 139, et 241 de la loi n°021/89 du 14 novembre 1989 portant refonte du statut général de la fonction publique ;

Vu les dispositions de l'article 57 du code de procédure civile, commerciale, administrative et financière ;

Vu les principes généraux sus évoqués ;

Conclut qu'il plaise au tribunal administratif de céans de :

- Rejeter le moyen de violation du principe d'égalité des citoyens soulevé par les requérants ;
- Rejeter également la demande des requérants visant à la reconstitution de leurs carrières administratives ;
- Déclarer irrecevable la demande des requérants visant à la prolongation de leurs carrières administratives pour une durée de cinq (5) ans, pour défaut d'identité d'objet entre la requête préalable et le recours contentieux ;
- Ordonner à l'Etat congolais d'indemniser les requérants au prorata du préjudice qu'ils ont réellement subi du fait du retard excessif de leur recrutement après leur formation ;
- Faire masse des dépens./

Fait au parquet, le … (date)

Le procureur de la République

Conclusions n°27

Ordonner une expertise à l'effet d'interpréter les résultats d'un examen médical

Affaire succession BI… C/ le Centre hospitalier universitaire (CHU)

COUR D'APPEL DE B… (Nom de la ville)

TRIBUNAL ADMINISTRATIF DE B… (Nom de la ville)

PARQUET DU PROCUREUR DE LA REPUBLIQUE

N °______/…………

RÉPUBLIQUE DU CONGO

Unité*Travail*Progrès

CONCLUSIONS DU MINISTERE PUBLIC

Affaire : La succession BI… (noms, prénoms, profession, situation matrimoniale, nationalité et domicile) ;

Ayant pour conseil maître KA…, avocat à la Cour ;

Contre : Le Centre hospitalier universitaire (CHU), pris en la personne de son représentant légal, le directeur général en ses bureaux, sis à B…(nom de la ville) ;

Ayant pour conseils maître BO…, avocat à la Cour ;

Objet : Indemnisation ;

Le procureur de la République près le tribunal administratif de B… (nom de la ville) ;

Vu l'entier dossier à nous communiqué et l'ensemble des écritures échangées entre les parties ;

Vu les conclusions du ministère public en date du … ;

Vu le jugement avant-dire droit du … (date) ;

Sans qu'il y ait besoin de rappeler les faits de la cause ;

SUR QUOI LE MINISTERE PUBLIC

Sur la nécessite de l'interprétation des résultats du scanner

Attendu qu'en date du … le Tribunal de céans par jugement avant-dire droit a ordonné une mesure d'instruction tendant à ordonner une expertise à l'effet d'interpréter les résultats du scanner produit au dossier ;

Attendu que par suite la cause a été renvoyée au ministère Public pour ses conclusions sans que la mesure d'instruction ordonnée soit exécutée ;

Attendu cependant que les résultats du scanner produit au dossier requièrent pour son interprétation l'expertise de l'homme de l'art ;

Qu'ainsi, il convient en la cause et pour une bonne administration de la justice, et ce en application des articles 140 et 166 du code de procédure civile, commerciale, administrative et financière, d'ordonner à nouveau une expertise à l'effet d'interpréter les résultats du scanner aux fins d'éclairer le tribunal sur la réalité des faits et de la détermination de l'étendue du préjudice ;

Sur les dépens

Attendu qu'en vertu de l'article 57 du code de procédure civile, commerciale, administrative et financière : « La partie qui succombe est condamnée aux dépens » ;

Qu'en la cause, aucune partie n'a succombé ;

Qu'il convient pour le tribunal de céans de réserver les dépens ;

EN CONSEQUENCE

Vu ce qui précède ;

Vu les dispositions des articles 140 et 166 du code de procédure civile, commerciale, administrative et financière ;

Conclut qu'il plaise au tribunal administratif de céans de :

- Ordonner à nouveau une expertise à l'effet d'interpréter les résultats du scanner aux fins d'éclairer le tribunal sur la réalité des faits et la détermination de l'étendue du préjudice ;
- Nous renvoyer la présente cause pour nos conclusions au fond ;
- Réserver les dépens./

Fait au parquet, le … (date)

Le Procureur de la République

Conclusions n°28

Radiation de l'affaire du rôle du Tribunal administratif

Affaire sieurs GA... et autres C/ l'ASECNA

COUR D'APPEL DE B... (Nom de la ville)

TRIBUNAL ADMINISTRATIF DE B... (Nom de la ville)

PARQUET DU PROCUREUR DE LA REPUBLIQUE

N °_____/...........

RÉPUBLIQUE DU CONGO
Unité*Travail*Progrès

CONCLUSIONS DU MINISTERE PUBLIC

Affaire : Sieurs GA... et autres ... (noms, prénoms, profession, situation matrimoniale, nationalité et domicile) ;

Ayant pour conseil maître TS..., avocat à la Cour ;

Contre : L'Agence pour la sécurité de la navigation aérienne en Afrique et à Madagascar, prise en la personne de son représentant légal, monsieur le représentant de l'ASECNA en République du Congo, en ses bureaux, sis à l'aéroport international de ... (nom de l'aéroport), B... (nom de la ville) ;

Représentée par le Cabinet de maître NS..., Avocat à la Cour ;

Objet : Reconstitution de carrière administrative ;

Le procureur de la République près le Tribunal administratif de B... (nom de la ville) ;

Vu l'entier dossier à nous communiqué et l'ensemble des écritures échangées entre les parties ;

Les faits de la cause

Par requête en date du ... à B..., sieur GA... et autres ont attrait l'Agence pour la sécurité de la navigation aérienne en

Afrique et à Madagascar (ASECNA) devant le Tribunal administratif de céans aux fins de reconstitution de leurs carrières administratives ;

SUR QUOI LE MINISTERE PUBLIC

Sur la demande de radiation sollicitée par les requérants

Attendu qu'aux termes de l'article 274 du code de procédure civile, commerciale, administrative et financière : « Le désistement est reçu verbalement ou par écrit. L'affaire est rayée par décision verbale inscrite au plumitif.

Un extrait du plumitif mentionnant la décision peut être délivré à toute réquisition des parties » ;

Attendu qu'en l'espèce, par mémoire daté du ..., sieur GA... et autres sollicitent du tribunal la radiation de la présente cause au bénéfice de la transaction engagée suite aux travaux relatifs à l'état des lieux/diagnostic de l'ASECNA tenus du ... au ... (date) à Dakar ;

Attendu que le ministère public ne s'y oppose pas ;

Qu'il y a donc lieu pour le tribunal de céans de faire droit à la demande de radiation des requérants ;

Qu'ainsi le tribunal mettra les dépens à leurs charges ;

EN CONSEQUENCE

Vu ce qui précède ;

Vu les dispositions de l'article 274 de la loi n°51-83 du 21 avril 1983 portant Code de procédure civile, commerciale, administrative et financière ;

Conclut qu'il plaise au Tribunal administratif de céans de :

- Ordonner la radiation de la présente procédure du rôle général ;

- Dire qu'un extrait du plumitif mentionnera la présente décision pour être délivré à toute réquisition des parties ;
- Mettre les dépens à la charge des requérants./

Fait au parquet…, le … (date)

Le Procureur de la République

Conclusions n° 29

Radiation de l'affaire du rôle du Tribunal administratif

Affaire sieur NK… C/l'Etat congolais

<table><tr><td>COUR D'APPEL DE B… (Nom de la ville)
TRIBUNAL ADMINISTRATIF DE B… (Nom de la ville)
PARQUET DU PROCUREUR DE LA REPUBLIQUE
N °______/…………</td><td>RÉPUBLIQUE DU CONGO
Unité*Travail*Progrès
-------------</td></tr></table>

CONCLUSIONS DU MINISTERE PUBLIC

Affaire : Sieur NK… (noms, prénoms, profession, situation matrimoniale, nationalité et domicile) ;

Agissant en personne ;

Contre : L'Etat congolais, pris en la personne de son représentant légal, monsieur le Garde des Sceaux, Ministre de la Justice et des Droits Humains, en ses bureaux, sis à B… (nom de la ville) ;

Ayant pour conseil maître OK…, Avocat à la Cour ;

Objet : Reconstitution de carrière ;

Le procureur de la République près le Tribunal Administratif de B…(nom de la ville) ;

Les faits de la cause

Attendu que par requête introductive d'instance, sieur NK… a attrait l'Etat congolais devant le Tribunal Administratif de céans aux fins de reconstitution de sa carrière ;

Qu'à l'appui de sa demande, il expose qu'il a subi différents préjudices moraux, financiers et sanitaires du fait de la Direction de la formation de la Direction générale des ressources humaines du Ministère de la défense nationale, son ancien directeur pour intrigues et prévarication ;

Que ces préjudices s'expliquent par l'obstruction de sa formation autorisée par le ministre de la Défense nationale notamment :

- Le déclassement de son dossier de décoration en ... (année) pour des raisons non réglementaires ;
- L'ajournement à l'avancement ... (année) sans cause réelle et sérieuse ;
- Le déclenchement d'une haute tension artérielle et des maladies subséquentes suite à ces événements ;

Qu'il a par ailleurs, par dossier enregistré sous le n°1047 du ... (année), adressé à monsieur le ministre d'Etat, Garde des sceaux, ministre de la Justice et des Droits humains, une lettre sur ces comportements intrigants et prévaricateurs de son ancien directeur ;

Que suite à cette correspondance, le directeur de cabinet du ministre d'Etat, Garde des sceaux, ministre de la justice et des Droits Humains, a adressé une correspondance à son homologue Directeur de Cabinet du ministre à la Présidence, chargé de la défense nationale ;

Que la réponse du ... (date) du directeur de cabinet du ministre à la présidence, chargé de la défense nationale, dont copie lui a été adressée et ci-jointe, allègue qu'il n'a pas été avancé en ... (année) par manque de diplôme d'état-major (DEM) ;

Que pourtant chaque année, les conditions d'avancement sont fixées par un arrêté du ministre à la Présidence, chargé de la Défense nationale et une note de service d'équivalence de diplômes supérieurs civils comme le sien ;

Que son diplôme d'ingénieur a pour équivalence dans les différentes notes de service prises à cet effet le diplôme d'état-major (DEM) ;

Que cette affabulation ne peut être valable du fait que son dossier était bel et bien accepté par la commission d'avancement parce qu'il remplissait les conditions exigées par l'arrêté et par la note de service relatifs à l'avancement … (année) ;

Que d'ailleurs pour conforter que son dossier était codifié, traité et confirmé, un matricule de solde lui était attribué ;

Que si son dossier n'était pas correct, son directeur ne l'aurait pas accepté et transmis à l'échelon supérieur ;

Que pour le recaler, il n'a pas hésité à l'ajourner en affirmant que sa présence sous les ordres lui était indifférente alors que son dossier disciplinaire était vide ;

Qu'il estime qu'il n'a pas été avancé non par manque de diplôme d'état-major (DEM), puisque son diplôme d'ingénieur en est l'équivalent, mais plutôt par une rotation fallacieuse sans fondement et qui se termine par l'ajournement sans cause ;

Que les recherches qu'il a menées pour retrouver la note d'équivalence de l'avancement sont restées vaines ;

Qu'il a constaté avec regret que l'officier qui a traité son dossier n'a fait qu'une lecture transversale sans s'appesantir sur les points essentiels ;

Que de recours entrepris à cet effet n'ont pas donné les solutions escomptées ;

Que pour connaître les fondamentaux de sa requête, lever le quiproquo entre la réponse du directeur de cabinet du ministre à la Présidence, chargé de la Défense nationale et la cause réelle de son échec à l'avancement … (année), il invite très respectueusement le tribunal de céans à lire sa lettre adressée au ministre d'Etat, Garde des sceaux, ministre de la Justice et des Droits humains ;

Attendu que dans ses conclusions datées du …, l'Etat congolais conclut sur la perte d'objet de la présente procédure au motif que le requérant a été déjà promu au grade de lieutenant-colonel, objet de sa demande ;

Attendu qu'en date du ..., l'Etat congolais sollicite une nécessaire et utile mesure d'instruction au motif que le requérant met en cause son chef hiérarchique de l'époque des faits allégués, le directeur des ressources humaines ;

Qu'il serait donc impérieux qu'il soit entendu ainsi que le directeur de cabinet du ministre à la Présidence chargé de la Défense nationale ;

Attendu que dans ses conclusions datées du ..., le requérant revient sur tous ces chefs de demande et donne son avis favorable sur la mesure d'instruction sollicitée par l'Etat congolais ;

Attendu que dans ses conclusions datées du ..., l'Etat congolais réitère sur la nécessité et l'utilité de la mesure d'instruction sollicitée ;

Attendu dans ses conclusions du ... (date), le requérant adresse une requête aux fins d'un désistement de son action ;

<u>SUR QUOI LE MINISTERE PUBLIC</u>

Attendu que dans la présente cause, sieur NK... a sollicité du Tribunal de céans sa reconstitution de carrière et la réparation du préjudice qu'il a subi du fait de l'administration militaire ;

Attendu que l'Etat congolais lui oppose la perte d'objet de la présente procédure et une nécessaire et utile mesure d'instruction ;

Mais attendu que sieur NK... sollicite ultérieurement le désistement de son action ;

Qu'il convient d'y statuer avant ;

<u>Sur la demande de désistement de sieur NK... de son action</u>

Attendu qu'aux termes des dispositions de l'article 274 du Code de procédure civile, commerciale, administrative et financière : « Le désistement est reçu verbalement ou par écrit. L'affaire est rayée par décision verbale inscrite au plumitif.

Un extrait du plumitif mentionnant la décision peut être délivré à toute réquisition des parties.» ;

Attendu que le désistement est la renonciation de la poursuite d'une instance engagée comme l'abandon du droit à agir en justice, qu'il peut porter sur l'instance uniquement, tout comme il peut porter sur l'action ;

Que si en effet dans le désistement d'instance, le demandeur peut éventuellement réintroduire ultérieurement une autre instance, dans le désistement d'action sa renonciation est définitive et toute nouvelle demande dirigée contre la même personne en la même qualité, ayant le même objet et qui serait fondée sur les mêmes faits serait jugée irrecevable ;

Attendu qu'en l'espèce, sieur NK..., a au cours de l'instance, adressé au Tribunal de céans une requête, en date du ..., par laquelle il demande son désistement de la présente action qu'il a dirigée contre l'Etat congolais ;

Qu'en sollicitant de se désister de son action, le requérant renonce définitivement à toutes les demandes adressées au défendeur, en l'occurrence l'Etat congolais ;

Qu'il convient dès lors de faire droit à la demande du requérant en application des dispositions de l'article 274 du CPCCAF susvisé ;

Qu'en conséquence, il échet au tribunal de céans de rayer par décision verbale inscrite au plumitif la présente affaire et dire qu'un extrait du plumitif mentionnant la décision pourra être délivré à toute réquisition des parties ;

Qu'ainsi, le Tribunal de céans condamnera sieur NK... aux dépens conformément à l'article 57 du CPCCAF ;

EN CONSEQUENCE

Vu ce qui précède ;

Vu les dispositions des articles 57 et 274 du Code de Procédure civile, commerciale, administrative et financière ;

Conclut qu'il plaise au Tribunal administratif de céans de :

- Faire droit à la demande de désistement du requérant ;
  - Radier par décision verbale inscrite au plumitif la présente affaire ;
  - Dire qu'un extrait du plumitif mentionnant la décision pour être délivré à toute réquisition des parties ;
  - Condamner sieur NK… aux dépens/.

Fait au parquet, le … (date)

Le Procureur de la République

Conclusions n° 30

Responsabilité de l'administration et réparation du préjudice

Affaire AK… et autres C/l'Etat Congolais

COUR D'APPEL DE B… (Nom de la ville)

TRIBUNAL ADMINISTRATIF DE B… (Nom de la ville)

PARQUET DU PROCUREUR DE LA REPUBLIQUE

N °______/…………

RÉPUBLIQUE DU CONGO
Unité*Travail*Progrès

CONCLUSIONS DU MINISTERE PUBLIC

Affaire :

- AK… (noms, prénoms, profession, situation matrimoniale, nationalité et domicile) ;
- AK… (noms, prénoms, profession, situation matrimoniale, nationalité et domicile) ;
- AL… (noms, prénoms, profession, situation matrimoniale, nationalité et domicile) ;
- AT… (noms, prénoms, profession, situation matrimoniale, nationalité et domicile) ;
- BA… (noms, prénoms, profession, situation matrimoniale, nationalité et domicile) ;
- BA… (noms, prénoms, profession, situation matrimoniale, nationalité et domicile) ;
- BO… (noms, prénoms, profession, situation matrimoniale, nationalité et domicile) ;
- BO… (noms, prénoms, profession, situation matrimoniale, nationalité et domicile) ;
- KA… (noms, prénoms, profession, situation matrimoniale, nationalité et domicile) ;

- MB… (noms, prénoms, profession, situation matrimoniale, nationalité et domicile) ;
- MI… (noms, prénoms, profession, situation matrimoniale, nationalité et domicile) ;
- MO… (noms, prénoms, profession, situation matrimoniale, nationalité et domicile) ;
- MO… (noms, prénoms, profession, situation matrimoniale, nationalité et domicile) ;
- ND… (noms, prénoms, profession, situation matrimoniale, nationalité et domicile) ;
- NG… (noms, prénoms, profession, situation matrimoniale, nationalité et domicile) ;
- SE… (noms, prénoms, profession, situation matrimoniale, nationalité et domicile) ;

Représentés et plaidant par le cabinet d'avocats BR…, ON…, LO…, avocats à la Cour, sis … (adresse), où ils ont élu domicile pour la présente procédure ;

Contre : L'Etat congolais, pris en la personne de son représentant légal, le Garde des sceaux, ministre de la Justice et des Droits humains ;

Ayant pour conseil maître GA…, avocat à la Cour ;

Objet : Requête aux fins de réparation du préjudice subi et reconstitution de carrière ;

Le procureur de la République près le Tribunal administratif de B… (nom de la ville) ;

Vu le dossier à nous communiqué et les conclusions échangées entre les parties ;

Les faits de la cause

Attendu que par requête introductive d'instance en date à B… du …, les requérants ont assigné l'Etat congolais devant le tribunal de céans, aux fins de reconstitution de carrière et indemnisation à hauteur de cinq cent mille (500.000) francs CFA pour chacun d'eux, et ce, après une procédure précontentieuse enclenchée devant le ministre de la Justice et des Droits humains en date du …, et qui s'est soldée par un rejet implicite ;

Qu'au soutien de leur requête, ils exposent :

Qu'ils sont tous agents de police, de la promotion … (année), ayant été admis à l'examen final du stage de formation à protection des hautes personnalités qui a duré un (1) an, notamment du … au … (dates) ;

Que ce stage, qui leur donnait accès au grade de caporal, est sanctionné d'un diplôme, à savoir le Certificat technique n°1 de protection des hautes personnalités ;

Que pour eux, il n'était pas admissible, eu égard à la durée du stage et à la qualité des enseignements reçus, que ce diplôme leur donne l'accès seulement au grade de caporal ;

Qu'ils ont ainsi procédé en réclamation devant la hiérarchie où ils ont obtenu gain de cause, étant donné que le Président de la République prendra une décision portant équivalence de leur diplôme en BT2 ;

Que par la suite, ils se sont fait délivrés un diplôme en Brevet technique n°2 leur permettant de bénéficier d'une reconstitution de carrière à partir du grade de lieutenant à compter de l'obtention de leur diplôme de fin de stage ;

Que cependant, malgré l'avis favorable des autorités militaires, leurs carrières n'ont pas été reconstituées ;

Que c'est ainsi qu'en … (année), certains de leurs promotionnaires se sont adressés à la justice aux fins de reconstitution de carrière et indemnisation ;

Que le Tribunal de grande instance de B…, a par un jugement daté du …, ordonné à l'Etat congolais de reconstituer leurs carrières et l'a également condamné à les indemniser à hauteur de 500.000 francs CFA chacun ;

Que c'est pourquoi, ayant les mêmes droits ou qualités que leurs promotionnaires bénéficiaires de la décision précitée, ils sollicitent du tribunal de céans les mêmes demandes, à savoir la reconstitution de leur carrière au grade de lieutenant à compter du … (date) ;

Attendu que dans ses conclusions en réponse datées respectivement du … et …, l'Etat congolais soulève l'exception de communication des pièces, et sollicite au fond que le Tribunal de céans statue sur les demandes des requérants en fonction du préjudice réellement subi sans pouvoir juger ultra petita ;

SUR QUOI LE MINISTRERE PUBLIC

Attendu que les requérants sollicitent du Tribunal de céans de :

- Dire et juger que l'Etat congolais est responsable du préjudice subi par eux, du fait de la non-reconstitution de leur carrière ;

- Ordonner la reconstitution de leur carrière jusqu'à la limite de grade de lieutenant, à compter du … (date) ;

- Condamner l'Etat congolais au paiement de la somme de cinq cent mille (500.000) francs CFA à chacun d'eux à titre de réparation du préjudice subi ;

- Condamner l'Etat congolais aux entiers dépens ;

Attendu que l'Etat congolais, qui ne s'y oppose pas, sollicite néanmoins du Tribunal de céans de statuer sur les demandes des requérants en fonction du préjudice réellement subi sans pouvoir juger ultra petita ;

Qu'il y a lieu donc d'y répondre ;

Sur la responsabilité pour défaut de reconstitution des carrières des requérants ;

Attendu qu'en matière de responsabilité administrative pour faute, tout préjudice n'est réparable ou indemnisable que s'il existe un lien causal entre le fait dont doit répondre l'administration et le préjudice allégué par la victime ;

Attendu en l'espèce que les requérants sollicitent du Tribunal de céans de déclarer l'Etat congolais responsable du préjudice subi par eux pour n'avoir pas reconstitué leurs carrières ;

Attendu que l'article 142 du code de procédure civile, commerciale, administrative et financière, prescrit au juge de prendre en considération, pour jugement de l'affaire, tous les faits résultant des débats, même s'ils ne sont pas spécialement invoqués par les parties, restituer aux faits et aux actes leur qualification juridique, juger quels faits sont établis et en tirer les conséquences juridiques, ainsi que de relever d'office les moyens de pur droit ;

Qu'en vertu de cette disposition légale, il y a lieu de relever d'emblée que les faits reprochés à l'administration policière par les requérants sont en réalité relatifs à leur reclassement et non à la reconstitution de leur carrière au sens large ;

Qu'en matière d'avancement d'un agent public, le reclassement se diffère en effet de la reconstitution de carrière, en ce sens qu'il se traduit par l'avancement de l'agent, entrainant l'augmentation soit de grade, soit d'échelon, soit d'indice et de traitement, soit les trois cumulativement, mais uniquement sur la base d'une formation de niveau supérieur dûment autorisée par l'autorité administrative compétente et sanctionnée par un nouveau diplôme, dans la catégorie ou à l'échelle statutaire immédiatement supérieure à celle qu'il occupait, tandis que la reconstitution de carrière, qui est le rétablissement dans sa forme primitive d'une carrière administrative ayant connu une évolution discontinue ou retardée du fait de l'administration, concerne l'avancement à l'ancienneté ou au choix sur un tableau d'avancement ;

Que si dans le cadre de la reconstitution l'administration dispose d'un pouvoir discrétionnaire, elle est en revanche assujettie à la compétence liée en ce qui concerne le reclassement proprement dit ;

Attendu en effet qu'une autorité administrative dispose d'un pouvoir discrétionnaire lorsqu'elle a la faculté de choisir entre plusieurs décisions, qui sont toutes conformes à la légalité, dans la mesure où elle reste le libre arbitre d'en apprécier opportunité, la solution qui paraît la mieux adaptée à la situation, car le droit en vigueur lui laissant une marge d'autonomie à cet égard ;

Que cependant elle est en situation de compétence liée, lorsqu'elle doit adopter une décision ou un comportement qui sont les seuls possibles compte tenu des obligations d'agir ou de ne pas agir résultant des règles qui s'imposent à elle en vertu du principe de la légalité ;

Qu'or il résulte des faits de la cause que les requérants ne sont ni reclassés ni avancés du fait de l'administration policière qui n'a daigné procéder à leur reclassement, alors qu'il est suffisamment établi qu'ils sont détenteurs d'un diplôme militaire au titre d'avancement école, obtenu après un stage d'une année et homologué en Brevet technique n°2 par une décision du chef de l'Etat en date du …, qui leur donnait droit au grade de lieutenant ;

Qu'en agissant ainsi, alors qu'elle se trouvait, dans le cas d'espèce, en situation de compétence liée, l'administration a incontestablement violé le principe de la légalité, d'autant plus que, grâce à leurs diplômes homologués, les requérants auraient bénéficié de leur reclassement jusqu'au grade de lieutenant ;

Qu'il s'ensuit que cette négligence est constitutive d'une faute préjudiciable de nature à engager la responsabilité de l'Etat congolais ;

Que le lien de causalité est étroitement établi entre la faute et le préjudice allégué ;

Que par voie de conséquence, il sied pour le Tribunal de céans de déclarer l'Etat congolais responsable du préjudice subi par les requérants ;

Sur la reconstitution des carrières des requérants

Attendu que les requérants sollicitent la reconstitution de leur carrière ;

Attendu que l'Etat congolais, sans contester, sollicite néanmoins du Tribunal de céans de statuer sur les demandes des requérants en fonction du préjudice réellement subi sans pouvoir juger ultra petita ;

Attendu que compte tenu du régime juridique applicable dans le cas d'espèce, force est d'observer que la situation administrative des requérants était régie, à cette époque, par le décret n°70/357 du 25 novembre 1970 pris en application de l'ordonnance n°31/70 de 1970 et que c'est sous l'empire de ce texte qu'ils ont subi le préjudice dont ils sollicitent réparation ;

Que dès lors, il convient de faire application du décret susmentionné en ce qu'il constitue le droit en vigueur à cette époque, et non les textes du droit positif datant de l'an 2000, en l'occurrence la loi du 2 mars 2011 portant statut spécial des personnels de la police nationale ;

Attendu que l'article 9 du décret n°70/357 du 25 novembre 1970 pris en application de l'ordonnance n°31/70 de 1970, dispose de façon péremptoire que :« Tous les grades supérieurs à ceux de lieutenant sont attribués au choix » ;

Attendu qu'il résulte supra établi que l'administration n'a pas reconstitué la carrière des requérants, en dépit de la compétence liée ;

Qu'or n'ayant pas reclassé les requérants, il est patent que l'administration a violé le droit en vigueur ;

Qu'ainsi, il y a lieu pour le Tribunal de céans d'ordonner à l'Etat congolais de procéder à la reconstitution de carrière des requérants au grade de lieutenant à titre d'avancement école, à compter du … (date), grade qui leur revient de plein droit ;

Sur l'indemnisation

Attendu qu'en vertu des dispositions de l'article 47 de la constitution du 25 octobre 2015 : « Tout citoyen qui subit un préjudice du fait de l'administration a le droit d'agir en justice, dans les formes déterminées par la loi. » ;

Attendu en l'espèce que les requérants sollicitent la condamnation de l'Etat congolais au paiement de la somme de cinq cent mille (500.000)francs CFA à chacun d'eux au titre d'indemnisation ;

Attendu qu'il ressort des faits constants que les requérants ont subi un préjudice réel, du fait que l'Etat congolais qui, après les avoir mis en stage sanctionné par des diplômes donnant droit au grade de lieutenant, n'a pris aucune décision relative à la reconstitution de leurs carrières ;

Que de ce fait, les requérants n'ont jamais bénéficié des avantages liés à leurs diplômes obtenus après leur formation d'une année ;

Qu'il en résulte qu'ils ont subi un préjudice considérable, qui mérite réparation, du fait de l'administration ;

Qu'ainsi, il appert pour le Tribunal administratif de céans de condamner l'Etat congolais à indemniser les requérants, en réparation du préjudice subi ;

Sur les dépens

Attendu qu'aux termes des dispositions de l'article 57 du code de procédure civile, commerciale, administrative et financière : « La partie qui succombe est condamnée aux dépens » ;

Qu'en l'espèce, l'Etat congolais a succombé ;

Qu'il y a lieu de mettre des dépens à la charge du trésor public ;

EN CONSEQUENCE

Vu ce qui précède ;

Vu les dispositions de l'article 47 de la constitution du 25 octobre 2015 et celles de l'article 9 du décret n°70/357 du 25 novembre 1970 pris en application de l'ordonnance n°31/70 de 1970 ;

Vu les dispositions des articles 142 et 57 du code de procédure civile, commerciale, administrative et financière ;

Conclut qu'il plaise au Tribunal de céans de :

- Déclarer l'Etat congolais responsable du préjudice subi par les requérants ;

- Ordonner à l'Etat congolais de reconstituer la carrière de chacun des requérants jusqu'au grade de lieutenant, à compter du … (date) ;

- Condamner l'Etat congolais à réparer le préjudice subi par les requérants ;

- Mettre les dépens à la charge du Trésor public/.

Fait au parquet, le … (date)

Le Procureur de la République

ANNEXES

La constitution congolaise du 25 octobre 2015

Titre II

Des droits, libertés et devoirs des citoyens

Sous-Titre I

Des droits et libertés

Article 15 : Tous les citoyens congolais sont égaux devant la loi et ont droit à la protection de la loi.

Nul ne peut être favorisé ou désavantagé en raison de son origine familiale, ethnique, de sa condition sociale, de ses convictions politiques, religieuses, philosophiques ou autres.

Article 46 : Tout citoyen a le droit de présenter des requêtes aux organes appropriés de l'Etat.

Article 47 : Tout citoyen qui subit un préjudice du fait de l'administration a le droit d'agir en justice, dans les formes déterminées par la loi.

Code civil

TITRE QUATRIEME

Des engagements qui se forment sans convention

Chapitre II

Des délits et des quasi-délits

Article 1240 : Tout fait quelconque de l'homme, qui cause à autrui un dommage, oblige celui par la faute duquel il est arrivé, à le réparer.

Article 1241 : Chacun est responsable du dommage qu'il a causé non seulement par son fait, mais encore par sa négligence ou par son imprudence.

Article 1242 : On est responsable non seulement du dommage que l'on cause par son propre fait, mais encore de celui qui est causé par le fait des personnes dont on doit répondre, ou des choses que l'on a sous sa garde.

TITRE QUINZIEME

Des transactions

Article 2052 : Les transactions ont, entre les parties, l'autorité de la chose jugée en dernier ressort.

Elles ne peuvent être attaquées pour cause d'erreur de droit, ni pour cause de lésion.

TITRE VINGTIEME

De la prescription et de la possession

Chapitre II

De la possession

Article 2232 : Les actes de pure faculté et ceux de simple tolérance ne peuvent fonder ni possession ni prescription

Chapitre IV

Des causes qui interrompent ou qui suspendent le Cours de la prescription.

Section première

Des causes qui interrompent la prescription

Article 2244 : Une citation en justice, même en référé, un commandement ou une saisie, signifiés à celui qu'on veut empêcher de prescrire, interrompent la prescription ainsi que les délais pour agir.

Chapitre V

Du temps requis pour prescrire

Section II

De la prescription trentenaire

Article 2262 : Toutes les actions, tant réelles que personnelles, sont prescrites par trente ans, sans que celui qui allègue cette prescription soit obligé d'en rapporter un titre, ou qu'on puisse lui opposer l'exception déduite de la mauvaise foi.

Loi n°45-75 du 15 mars 1975, instituant un code du travail de la République populaire du Congo.

TITRE PREMIER

Dispositions générales

Article 2 : Est considéré comme travailleur au sens du présent code, quels que soient son sexe et sa nationalité, toute personne qui s'est engagée à mettre son activité professionnelle, moyennant rémunération, sous la direction et l'autorité d'une autre personne, physique ou morale, publique ou privée. Pour la détermination de la qualité de travailleur, il ne sera tenu compte ni du statut juridique de l'employeur ni de celui de l'employé.

Les personnes nommées dans un emploi permanent d'un cadre d'une administration publique ne sont pas soumises aux dispositions du présent code.

Les travailleurs continuent à bénéficier des avantages qui leur ont été consentis, lorsque ceux-ci sont supérieurs à ceux que leur reconnaît le présent code dont les dispositions ne s'opposent pas, par ailleurs, aux dispositions plus favorables qui peuvent être consenties par des conventions ou accords collectifs ou par des contrats particuliers.

TITRE V

De l'hygiène et de la sécurité ; du service médical

Chapitre premier

De l'hygiène et de la sécurité

Article 141 : L'employeur est tenu d'aviser le directeur de la caisse nationale de prévoyance sociale ou son représentant dans un délai de 48 heures de tout accident du travail survenu ou de toute maladie professionnelle constatée dans l'entreprise. Les modalités de cette déclaration sont fixées par la législation spéciale applicable aux accidents du travail et aux maladies professionnelles.

En ce qui concerne les maladies professionnelles, la date de la première constatation médicale de la maladie est assimilée à la date de l'accident.

Copie de la déclaration d'accident du travail ou de maladie professionnelle est transmise à l'inspection du travail et des lois sociales dans le délai prévu au premier alinéa.

TITRE VIII

Du règlement des différends du travail

Chapitre premier

Du différend individuel

Section première : Des attributions des tribunaux du travail

Article 211 : Les tribunaux du travail connaissent des différends individuels pouvant s'élever entre le travailleur et l'employeur, ou l'apprenti et le maître, à l'occasion du contrat de travail ou du contrat d'apprentissage.

Ces tribunaux ont qualité pour se prononcer sur tous les différends individuels relatifs aux conventions collectives ou aux arrêtés tenant lieu. Leur compétence s'étend également au contentieux du régime de prévoyance sociale, aux différends nés entre travailleurs à l'occasion du travail dû aux actions récursoires des entrepreneurs contre les sous-entrepreneurs aux cas prévus à l'article 70.

Section VI : De la conciliation préalable devant l'inspecteur du travail et des lois sociales

Article 240 : Tout travailleur ou tout employeur pourra demander aux services de l'inspection du travail et des lois sociales de régler le différend à l'amiable.

Cette demande interrompt à sa date de réception par les services susvisés, le délai de prescription prévu à l'article 99. Cette interruption court jusqu'à la date du procès-verbal qui clôt la tentative de conciliation.

L'inspecteur du travail et des lois sociales ou le contrôleur du travail vérifie si les parties sont disposées à se concilier immédiatement sur la base des normes fixées par la loi, la réglementation ou les conventions collectives et le contrat individuel.

En cas de conciliation, la formule exécutoire est apposée par ordonnance du président du tribunal du travail prise à la requête de la partie la plus diligente sur le procès-verbal de conciliation établi par l'inspecteur du travail et des lois sociales ou par le contrôleur du travail.

L'exécution est poursuivie comme pour un jugement du Tribunal du travail.

Le président du Tribunal du travail compétent est celui dans le ressort duquel le procès-verbal de conciliation a été signé.

Loi n°51-83 du 21 avril 1983 portant code de procédure civile, commerciale, administrative et financière

TITRE III

La procédure devant les tribunaux populaires de district ou d'arrondissement

Chapitre premier

Introduction de l'instance

Article 33 : La requête doit contenir :

- Les noms, prénoms, profession, situation matrimoniale, nationalité, et domicile des parties et le cas échéant, du mandataire ;
- L'objet de la demande et les moyens invoqués à son soutien.

  Elle doit être datée ; elle sera accompagnée d'un nombre de copies double de celui des défendeurs en cause.

TITRE IV

Procédure commune aux Tribunaux

Chapitre premier

Le jugement

Article 57 : La partie qui succombe est condamnée aux dépens. Si les parties ont succombé respectivement sur quelques points, les dépens doivent être partagés.

TITRE VII

Règles communes applicables aux juridictions du fond

Chapitre premier

Le rôle du juge dans le déroulement de l'instance et le jugement de l'affaire

Article 140 : Le juge veille à la bonne marche de l'instance. Il peut à cet effet :

- Ordonner la comparution des parties, la mise en cause de tiers ou leur audition en qualité de témoins ;
- impartir tous délais ;
- inviter les parties à fournir, toutes explications de fait ;
- ordonner, les parties entendues, toutes mesures d'instructions utiles ;
- ordonner la production de toutes pièces détenues par une partie ou même par des tiers, sauf empêchement légitime.

Article 142 : Pour le jugement de l'affaire, le juge doit prendre en considération tous les faits résultant des débats, même s'ils ne sont pas spécialement invoqués par les parties.

- Il doit restituer aux faits et aux actes leur qualification juridique ;
- Il doit juger quels faits sont établis et en tirer les conséquences juridiques ;
- Il doit relever d'office les moyens de pur droit.

Article 143 : Le juge est tenu de statuer dans les limites du litige, telles qu'elles ont été fixées par les parties.

Article 144 : Toutefois, en matière de réparation de dommage, le juge est tenu d'évaluer le montant de la réparation due même si la demande n'est pas chiffrée, après avoir entendu le ministère public en ses réquisitions.

Chapitre II

Les mesures d'instruction

Section II : Les enquêtes

Article 150 : L'enquête peut être ordonnée sur des faits de nature à être constatés par témoins et dont la vérification apparaît admissible et utile au jugement de l'affaire.

Section III. Les expertises

Article 166 : Le jugement ordonnant l'expertise énonce clairement son objet et le délai dans lequel le rapport sera déposé.

Section V [en principe c'est la section IV et non V] : Le transport sur les lieux

Article 175 : Quand le juge ordonne son transport sur les lieux du litige, il en fixe les jours et heures et invite les parties à y assister.

Article 176 : La Cour ou le Tribunal peut déléguer un de ses membres pour effectuer le transport.

Article 177 : Le juge peut procéder sur les lieux à toutes constatations, opérations, ou enquêtes utiles. Il peut se faire assister d'un technicien.

Article 178 : Le transport fait l'objet d'un procès-verbal détaillé signé par le président ou le juge délégué et le greffe.

Chapitre III

Les exceptions de procédure

Article 179 : Constitue une exception de procédure tout moyen qui tend à faire déclarer la procédure irrégulière ou à en suspendre le cours. Ce sont :

- Les exceptions de communications de pièces ;
- Les exceptions d'incompétence ;
- Les exceptions de litispendance ou de connexité ;
- Les exceptions dilatoires ;

- Les exceptions de nullité.

Article 180 : Sauf ce qui est dit aux articles 187 et 192 ci-dessous, les exceptions doivent, à peine d'irrecevabilité, être soulevées simultanément et avant toute défense au fond ou fin de non-recevoir.

Article 181 : Le juge peut, dans un même jugement, mais par des dispositions distinctes, se déclarer compétent et statuer sur le fond du litige, sauf à mettre préalablement les parties en demeure de conclure sur le fond.

Article 182 : Si le même litige est devant deux juridictions de même degré également compétentes pour en connaître, la juridiction saisie en second lieu doit se dessaisir au profit de l'autre si l'une des parties le demande.

Article 183 : S'il existe entre des affaires portées devant les tribunaux différents un lien de connexité tel qu'il soit de l'intérêt d'une bonne justice de les juger ensemble, l'une des juridictions peut se dessaisir au profit de l'autre si l'une des parties, le demande.

Article 184 : Lorsque les juridictions saisies ne sont pas de même degré, l'exception de litispendance ou de connexité ne peut être soulevée que devant la juridiction du degré inférieur.

Article 185 : Le juge doit suspendre l'instance lorsque la partie qui le demande bénéficie d'un délai d'attente en vertu de la loi.

Article 186 : Le juge peut accorder un délai au défenseur pour appeler un tiers en garantie.

Article 187 : La nullité des actes de procédure pour vice de forme peut être invoquée au fur et à mesure de leur accomplissement mais elle est couverte si celui qui l'invoque a, postérieurement à l'acte critiqué, fait valoir des défenses au fond ou soulevé une fin de non-recevoir.

Article 188 : Tous les moyens de nullité contre les actes de procédure déjà faits doivent être invoqués simultanément à peine d'irrecevabilité de ceux qui seraient soulevés par la suite.

Article 189 : La nullité est couverte par la régularisation ultérieure de l'acte si aucune forclusion n'est intervenue.

Article 190 : Aucun acte de procédure ne peut être déclaré nul pour vice de forme si la nullité n'en est expressément prévue par la loi.

Article 191 : La nullité ne peut être prononcée qu'à charge de la partie qui l'invoque d'établir le préjudice que l'irrégularité lui a causé.

Article 192 : Toutefois, les nullités résultant de l'inobservation d'une formalité substantielle ou d'ordre public, peuvent être soulevées en tout état de cause, sans que la nullité ait été expressément prévue par la loi et sans qu'il en soit résulté un préjudice certain.

Article 193 : Les nullités résultant de la violation de règles d'ordre public peuvent être relevées d'office.

Article 194 : Les frais relatifs aux actes frustratoires ou nuls par la négligence des auxiliaires de justice qui les ont faits, seront laissés à la charge de ces derniers, lesquels pourront en outre être condamnés à des dommages-intérêts.

Article 195 : La juridiction civile doit surseoir à statuer, même d'office, lorsque l'action publique ayant été mise en mouvement, l'autorité de la chose jugée au pénal influencera le jugement de l'affaire civile en cours.

Chapitre IV

Les fins de non-recevoir

Article 196 : Constitue une fin de non-recevoir ; tout moyen qui tend à faire déclarer l'adversaire irrecevable et sa demande sans examen du fond.

Article 200 : Les fins de non-recevoir doivent être relevées d'office lorsqu'elles ont un caractère d'ordre public.

Chapitre V

Le ministère public

<u>Article 201</u> : Le ministère public peut agir comme partie principale ou intervenir comme partie jointe.

<u>Article 202</u> : Il surveille l'exécution des lois, des arrêts, des jugements. Il poursuit d'office cette exécution dans les dispositions qui intéressent l'ordre public.

<u>Article 203</u> : Sont obligatoirement communiquées au ministère public les causes suivantes :

1°Celles qui concernent l'ordre public, l'Etat, le domaine, les collectivités locales, les établissements publics, les sociétés d'économie mixte ;

2°Celle qui concerne l'état des personnes ;

3°Les règlements de juges, récusations, prises à parties, renvoi d'une juridiction à une autre ;

4°Les causes concernant les personnes présumées absentes ;

5°Les faillites, règlements judiciaires, liquidation de biens.

<u>Article 204</u> : Le ministère public peut prendre communication de toutes autres causes dans lesquelles il croira son ministère nécessaire.

<u>Article 205</u> : Le juge peut décider d'office la communication de toute cause au ministère public.

<u>Article 206</u> : Dans les affaires où il est partie principale ou partie jointe, le ministère public est tenu d'assister à l'audience.

Il prend des réquisitions verbales ou dépose des conclusions écrites.

En ce cas, celles-ci sont communiquées aux parties avant l'audience.

<u>Titre VIII</u>

Des procédures d'urgence

<u>Chapitre premier</u>

Les référés

Article 207 : Dans tous les cas où il y a urgence, péril en la demeure, ou difficulté sérieuse d'exécution d'un arrêt, d'un jugement ou de tout autre titre exécutoire, le président de la juridiction compétente, peut ordonner en référé toute mesure provisoire ne préjudiciant pas au fond du litige.

Article 217 : Le juge des référés peut prononcer condamnation à des astreintes et aux dépens.

Il est habilité à liquider, à titre provisoire, les astreintes qu'il a ordonnées.

Titre IX

Procédures spéciales

Chapitre IV

Intervention-incident

Article 274 : Le désistement est reçu verbalement ou par écrit. L'affaire est rayée par décision verbale inscrite au plumitif.

Un extrait du plumitif mentionnant la décision peut être délivré à toute réquisition des parties.

Titre XI

Procédure administrative

Chapitre I

Règles générales

Article 395 : La procédure administrative obéit aux mêmes règles que celles décrites, dans les titres précédents sous les réserves ci-après.

Article 396 : Sont assignés tant en défense qu'en intervention forcée :

1°l'Etat en la personne du Garde des Sceaux, Ministre de la justice, en ses bureaux ;

2°les établissements publics de toute nature en la personne de leur représentant légal, en ses bureaux ;

3°les communes en la personne du Maire, au siège de la municipalité ou à défaut à son domicile ;

4°les autres collectivités publiques en la personne de leur représentant légal.

Article 397 : Toute action ne peut être portée en justice si elle n'a été précédée d'un recours gracieux ou hiérarchique, ou d'une demande préalable.

Article 398 : Le silence gardé plus de 4 mois par l'autorité administrative vaut décision de rejet du recours gracieux ou hiérarchique, en cas d'accord entre les parties, la transaction est exécutoire et met fin à toute procédure.

Article 399 : La requête introductive d'instance doit, à peine de nullité, viser la réponse explicite ou implicite de l'administration.

Article 400 : Lorsque l'administration est demanderesse, la requête introductive d'instance est signée du ministre compétent ou, s'il s'agit d'un établissement public ou d'une collectivité publique, de son représentant légal.

Article 401 : La demande en justice n'est pas suspensive de l'exécution de la décision contestée.

Article 402 : Toutefois il pourra être demandé à la juridiction saisie un sursis à l'exécution. Ce sursis ne pourra être accordé que si l'exécution est susceptible d'entraîner un préjudice irréparable.

Article 403 : La légalité des actes administratifs ne constitue jamais une question préjudicielle de sorte que les juridictions, saisies d'une exception d'illégalité au cours d'une instance, ont compétence pour apprécier et interpréter la légalité des actes administratifs versés aux débats.

Elles ne peuvent, cependant, annuler un acte administratif illégal ni même s'opposer à son exécution. Elles se bornent à constater son illégalité et par voie de conséquence, à écarter son application dans le litige qui leur est soumis.

Article 404 : Il sera observé, en matière électorale les règles de procédure prévues par les textes régissant cette matière.

Chapitre II

Règles spéciales concernant le recours en annulation

Article 405 : le recours en annulation est recevable contre toute décision règlementaire ou individuelle émanant d'une autorité administrative.

Article 406 : Le recours en annulation n'est pas recevable si les requérants disposent, pour faire valoir leurs droits, du recours ordinaire de pleine juridiction ou de toute autre voie de recours spécialement prévue par la législation ou la réglementation en vigueur.

Article 407 : Le recours doit être intenté dans un délai de deux mois.

Article 408 : Ce délai court, pour les décisions réglementaires, du jour de leur publication, pour les décisions individuelles, du jour de leur notification.

Article 409 : Le silence gardé pendant quatre mois sur une réclamation par l'autorité administrative compétente vaut décision de rejet.

En ce cas, le délai de recours commence à courir à l'expiration de cette période de quatre (4) mois.

Au cas de rejet explicite de la réclamation le délai court du jour de la notification de la décision de rejet.

Article 410 : Toutefois, avant de se pourvoir en annulation d'une décision administrative, les intéressés peuvent présenter, dans le délai de 2 mois, un recours administratif hiérarchique ou gracieux tendant à faire rapporter ladite décision.

En ce cas, le délai de recours en annulation ne commence à courir qu'à compter : ou de la notification du rejet du recours administratif ;

Ou de l'expiration de la période de 4 mois prévue à l'article 408 ci-dessus.

Article 411 : Sur demande expresse du requérant, la Cour suprême peut, exceptionnellement, ordonner le sursis à exécution de la décision attaquée si les moyens invoqués paraissent sérieux et si le préjudice encouru par le requérant est irréparable.

Article 412 : Si elle estime le recours fondé, la Cour suprême annule l'acte attaqué, pour la totalité ou pour partie.

Article 413 : Elle ne peut en aucun cas le modifier ou le remplacer.

Article 414 : L'arrêt d'annulation a effet à l'égard de tous.

Article 415 : Si l'acte annulé avait été publié au journal officiel, l'arrêt d'annulation fait l'objet de la même publication.

TITRE XIII

Dispositions diverses

Article 481 : Nul ne peut ester en justice s'il n'a qualité, capacité et intérêt à le faire.

Loi n°004/86 du 25/02/1986 instituant le code de sécurité sociale en République populaire du Congo

TITRE IV

Chapitre II

Risques professionnels

Article 59 :

1°Est considéré comme accident du travail, quelle qu'en soit la cause, l'accident survenu à un travailleur par le fait ou à l'occasion du travail.

2°Sont également considérés comme accidents du travail, lorsque la victime ou l'ayant-droit apportera preuve que l'ensemble des conditions ci-après sont remplies ou lorsque l'enquête permet à la caisse de disposer sur ce point des présomptions suffisantes :

a) L'accident survenu à un travailleur pendant le trajet d'aller et retour entre :
   - La résidence principale, une résidence secondaire présentant un caractère de stabilité et le lieu du travail ;
   - Tout autre lieu où le travailleur se rend de façon habituelle pour les motifs d'ordre familial et le lieu de travail ;
   - Le lieu du travail et le restaurant, la cantine ou d'une manière générale le lieu où le travailleur prend habituellement ses repas à condition que le parcours n'ait pas été interrompu ou détourné pour un motif dicté par l'intérêt personnel et étranger aux nécessités essentielles de la vie courante ou indépendante de l'emploi ;

b) L'accident survenu pendant les voyages dont les frais sont mis à la charge de l'employeur en vertu de l'article 125 du code du travail.

Article 60 :

1°Les dispositions relatives aux accidents du travail sont applicables aux maladies professionnelles. Un décret pris sur le rapport conjoint du ministre chargé de la Sécurité sociale et du ministre de la Santé publique et après avis de la Commission nationale consultative du travail et des lois sociales établit la liste des maladies professionnelles avec, en regard, la liste des travaux, procédés, professions, comportant la manipulation et l'emploi d'agents nocifs où s'effectuent dans les conditions où régions insalubres qui exposent les travailleurs de façon habituelle ou risque de contracter ces maladies.

2°Il est procédé périodiquement à la mise à jour de cette liste selon la procédure prévue au paragraphe 1 ci-dessus pour tenir compte des nouvelles techniques de production et des progrès dans la connaissance des maladies professionnelles.

3°La date de la première constatation médicale de la maladie professionnelle est assimilée à la date de l'accident.

4°Les maladies qui se déclarent après la date à laquelle le travailleur a cessé d'être exposé au risque de la contacter donneront droit aux prestations si elles se déclarent dans les délais indiqués sur la liste prévue au paragraphe 1 du présent article.

Article 61 :

1° La victime d'un accident de travail ou de trajet doit immédiatement, sauf cas de force majeure, d'impossibilité absolue ou de motifs légitimes, en informer l'employeur ou l'un de ses préposés.

La même obligation incombe aux ayants droit de l'assuré en cas de décès.

2° L'employeur est tenu de déclarer à la caisse dans un délai de quarante-huit heures, tout accident de travail ou toute maladie professionnelle dont sont victimes les salariés occupés dans l'entreprise.

Dans le cas d'un assuré en mission à l'étranger, ce délai est de quinze (15) jours. La déclaration doit être faite dans la forme et selon les modalités qui seront déterminées par arrêté du ministre chargé de la Sécurité sociale, sur proposition du Conseil d'administration de la Caisse.

3°En cas de carence de l'employeur, la victime ou ses ayants droit peuvent faire la déclaration d'accident du travail ou de la maladie professionnelle jusqu'à l'expiration de la deuxième année suivant la date de l'accident ou de la première constatation médicale de la maladie professionnelle.

Article 62 : L'employeur est tenu dès que survient l'accident :

- de faire assurer les soins de première urgence ;
- d'aviser le médecin chargé des services médicaux de l'entreprise ou, à défaut, le médecin le plus proche ;
- éventuellement de diriger la victime sur le Centre médical d'entreprise ou interentreprises ou, à défaut, sur la formation sanitaire publique, ou à l'établissement hospitalier public ou privé le plus proche du lieu de l'accident.

Les soins de première urgence ainsi que le salaire de la journée au cours de laquelle le travail a été interrompu sont à la charge de l'employeur.

Article 63 : L'intervention de la caisse en matière de prévention des accidents de travail et des maladies professionnelles s'exerce dans le cadre de la politique de prévention définie par le ministre du Travail, après avis de la Commission nationale consultative du travail.

Article 64 :

1°Il est créé un comité technique de prévention des accidents de travail et maladies professionnelles chargé d'effectuer toutes les études sur les risques professionnels et de proposer les moyens de les prévenir.

2°Sa composition et ses attributions seront déterminées par un arrêté du ministre chargé de la Sécurité sociale.

3°Sur son initiative, le Conseil d'administration de la caisse peut proposer au ministre chargé de la Sécurité sociale de rendre obligatoire, par arrêté, l'application des mesures de prévention édictées par la caisse.

Article 65 : 1°La caisse doit, dans le cadre de sa politique de prévention des risques professionnels, et en collaboration avec les services du Ministère du travail.

a) Recueillir et publier chaque année, pour les diverses catégories d'établissements, tous les renseignements permettant d'établir les statistiques des accidents de travail et des maladies professionnelles en tenant compte de leurs causes et des circonstances dans lesquelles ils sont survenus, de leur fréquence et de leurs effets, notamment de la durée et de l'importance des capacités résultant ;
b) procéder ou faire procéder à toutes enquêtes jugées utiles en ce qui concerne l'état sanitaire et social ainsi que les conditions d'hygiène ou de sécurité des travailleurs ;

c) recourir à tous les procédés de publicité et de propagande pour faire connaître, tant dans les entreprises que parmi la population, les méthodes de prévention ;
d) favoriser par des subventions ou avances l'enseignement de la prévention.

2°La caisse peut, dans les conditions et les méthodes de remboursement fixées par arrêté du ministre chargé de la Sécurité sociale, après avis du Conseil d'administration, consentir aux entreprises, des avances à taux réduit en vue de leur faciliter la réalisation d'aménagements destinés à assurer une meilleure protection des travailleurs.

3°La caisse peut également accorder des subventions ou des avances en vue de :

a) récompenser toute initiative en matière de prévention d'hygiène et de sécurité ;
b) créer et développer des institutions, œuvres ou services dont le but est de perfectionner ou de développer les méthodes de prévention, de réadaptation et de rééducation, des conditions d'hygiène et de sécurité et, plus généralement, d'exercer une action sanitaire et sociale.

Article 98 : Si l'accident est dû à une faute inexcusable de l'employeur ou de l'un de ses préposés, la victime ou ses ayants droit conservent contre l'auteur de l'accident le droit de demander réparation du préjudice causé, conformément aux règles de droit commun, dans la mesure où ce préjudice n'est pas réparé par l'application de la présente loi.

La caisse est tenue de servir à la victime ou à ses ayants droit les prestations et indemnités visées par la présente loi. Elle est admise de plein droit à intenter contre l'auteur de l'accident une action en remboursement des sommes payées par elle.

Loi n°021/89 du 14 novembre 1989 portant refonte du statut général de la fonction publique

TITRE III

La gestion des agents de la fonction publique

SOUS-TITRE PREMIER

La gestion des agents fonctionnaires

Article 101 : Sauf décision, dans les conditions prévues par le présent chapitre, de transfert d'un fonctionnaire dans un autre corps de même catégorie et relevant de la même échelle, l'intégration dans un corps de la fonction publique ne peut intervenir qu'à la suite d'un recrutement par concours.

Le concours est organisé sous forme de test de qualification pour le recrutement dans le corps d'agents d'exécution n'exigeant que des connaissances pratiques.

Le concours est dit externe lorsqu'il est ouvert à tout candidat remplissant les conditions requises.

Le concours est dit interne lorsque son accès est réservé aux agents exerçant déjà un emploi de la fonction soit en tant que fonctionnaire, soit en tant que non-titulaire.

Chapitre II

Conditions d'accès à un corps

Articles 112 : Les concours internes d'entrée aux écoles spécialisées de l'administration ainsi que les concours internes d'accès aux corps de la Fonction publique sont ouverts :

- à tout fonctionnaire en activité ayant au moins quatre ans d'ancienneté dans son corps, remplissant les conditions de titres et diplômes exigés pour l'accès au corps et possédant les aptitudes physiques nécessaires pour pouvoir exercer les emplois auxquels l'appartenance au corps donne accès.
- aux fonctionnaires ayant suivi un stage de qualification dans les conditions prévues par la présente loi.

Chapitre III

Positions du fonctionnaire

Section première : L'activité

Article 124 : L'activité est la position du fonctionnaire qui se trouve dans l'une des situations suivantes :

- en service ;
- en congé ;
- en stage

Section II : Le détachement

Article 139 : Le détachement est la position du fonctionnaire placé hors de l'administration mais qui continue à bénéficier dans son corps de ses droits à l'avancement et à la retraite.

Le fonctionnaire détaché est soumis à l'ensemble des règles qui régissent la fonction qu'il exerce par l'effet de son détachement.

Il demeure cependant soumis aux dispositions du présent statut et du statut particulier dont relève le corps auquel il appartient.

TITRE IV

Le statut des agents de la fonction publique

Chapitre premier

Droits, garanties et obligations des agents

Section première : Droits et garanties des agents

Article 207 : Tout agent a droit pendant sa vie professionnelle à un juste avancement lui garantissant une augmentation de sa rémunération.

L'avancement récompense le mérite et l'expérience acquise du fait de l'ancienneté dans les conditions fixées par arrêté du ministre ou par décision du chef de l'établissement public administratif ou de la collectivité locale sous l'autorité duquel il est placé.

Chapitre II

La vie professionnelle des agents

Section II : L'avancement des agents

Article 241 : Les services pris en compte pour le calcul de l'ancienneté sont ceux accomplis en position d'activité ou de détachement, les congés étant considérés comme période d'activité à l'exception des congés pour convenances personnelles.

Sont également prise en compte pour le calcul de l'ancienneté les périodes effectuées au titre du service national obligatoire.

Sauf en cas de transfert de corps, l'ancienneté se compte à partir de la date d'effet de la première nomination à la classe et l'échelon d'intégration.

Article 242 : L'avancement automatique d'échelon a lieu après deux ans d'ancienneté dans un échelon.

L'agent au quatrième échelon d'une classe passe, après deux ans d'ancienneté dans cet échelon, au premier échelon de la classe supérieure.

Loi n°8-96 du 20 mars 1996 portant **création du Tribunal administratif de Brazzaville**

Article 1er : Il est créé un Tribunal administratif à Brazzaville.

Article 2 : Le ressort du Tribunal administratif de Brazzaville comprend la commune de Brazzaville.

Article 3 : L'organisation, la compétence, et le fonctionnement du tribunal sont fixés par la loi n° 022/92 du 20 août 1992 portant organisation du pouvoir judiciaire en République du Congo.

Article 4 : Les procédures en cours devant le Tribunal de grande instance de Brazzaville ayant un caractère administratif sont transférées en l'état au Tribunal administratif de Brazzaville dès l'entrée en vigueur de la présente loi sans qu'il y ait lieu de renouveler les actes, formalités et jugements régulièrement intervenus antérieurement à la promulgation de la présente loi.

Article 5 : Le greffier en chef du Tribunal administratif de Brazzaville est dépositaire, sous le contrôle des chefs de juridiction, des minutes et archives du Tribunal de grande instance de Brazzaville relatives à la compétence ratione materiae du Tribunal administratif de Brazzaville.

Article 6 : L'installation solennelle du Tribunal administratif de Brazzaville, la répartition des affaires, minutes et archives entre le Tribunal de grande instance de Brazzaville et le Tribunal administratif de Brazzaville s'effectueront sous le contrôle et la direction de la Cour suprême et de la Cour d'appel de Brazzaville territorialement compétente.

Article 7 : La présente loi qui abroge toutes dispositions antérieures contraires sera enregistrée, publiée au Journal officiel de la République du Congo et exécutée comme loi de l'Etat.

Loi n°13-96 du 20 mars 1996 portant création du Tribunal administratif de Pointe-Noire

Article 1er : Il est créé un Tribunal administratif à Pointe-Noire.

Article 2 : Le ressort du Tribunal administratif de Pointe-Noire comprend la commune de Pointe-Noire et la Région du Kouilou.

Article 3 : L'organisation, la compétence, et le fonctionnement dudit tribunal sont fixés par la loi n° 022/92 du 20 août 1992 portant organisation du pouvoir judiciaire en République du Congo.

Article 4 : Les procédures en cours devant le Tribunal de grande instance de Pointe-Noire ayant un caractère administratif sont transférées en l'état au Tribunal administratif de Pointe-Noire dès l'entrée en vigueur de la présente loi sans qu'il y ait lieu de renouveler les actes, formalités et jugements régulièrement intervenus antérieurement à la promulgation de la présente loi.

Article 5 : Le greffier en chef du Tribunal administratif de Pointe-Noire est dépositaire, sous le contrôle des chefs de juridiction, des minutes et archives du Tribunal de grande instance de Pointe-Noire relatives à la compétence ratione materiae du Tribunal administratif de Pointe-Noire.

Article 6 : L'installation solennelle du Tribunal administratif de Pointe-Noire, la répartition des affaires, minutes et archives entre le Tribunal de grande instance de Pointe-Noire et le Tribunal administratif de Pointe-Noire s'effectueront sous le contrôle et la direction de la Cour suprême et de la Cour d'appel de Pointe-Noire territorialement compétente.

Article 7 : La présente loi qui abroge toutes dispositions antérieures contraires sera enregistrée, publiée au Journal officiel de la République du Congo et exécutée comme loi de l'Etat.

Loi n°19-99 du 15 août 1999 modifiant et complétant certaines dispositions de la loi n°022-92 du 20 août 1992 portant organisation du pouvoir judiciaire

TITRE II

Organisation et compétence des juridictions

Chapitre V [en principe il s'agit du chapitre IV et non V]

Les Tribunaux de grande instance

Articles 61 : Il peut être créé un Tribunal de grande instance par district ou arrondissement. La loi de création fixe son siège et son ressort qui comprend un ou plusieurs districts ou un ou plusieurs arrondissements.

Chaque formation juridictionnelle du Tribunal de grande instance comprend un greffier. Sauf disposition spéciale de la loi, tout acte du juge est accompli avec l'assistance d'un greffier.

Section première : Compétence des Tribunaux de grande instance

Articles 62: En matière civile, le Tribunal de grande instance est compétent pour juger toutes les demandes principales, incidentes, reconventionnelles ou en compensation.

Il connaît, en premier ressort et à charge d'appel, de toutes les actions civiles dont le montant en capital est supérieur à 1.000.000 de francs et 300.000 francs CFA en revenus, rente ou prix de bail.

Au cours des instances civiles dont elle est saisie, la chambre civile est compétente pour interpréter les décisions des diverses autorités administratives et apprécier leur régularité juridique, lorsqu'elles sont invoquées à l'appui de la demande ou comme moyen de défense. Cette compétence ne lui est toutefois reconnue qu'à défaut du Tribunal administratif, la chambre civile doit surseoir à statuer,

Articles 63 : En matière de divorce, les conjoints peuvent saisir à leur choix le Tribunal d'instance ou le Tribunal de grande instance. En cas de désaccord, le choix du défendeur à la première action principale détermine le tribunal compétent.

Articles 64 : En matière pénale, le Tribunal de grande instance connaît des infractions punies des peines correctionnelles et des contraventions qui leur sont connexes. Il a, au cours des instances dont il est saisi plénitude de juridiction et peut interpréter les décisions des diverses autorités administratives et en apprécier la régularité juridique, à la demande de l'une des parties.

Section II : De l'organisation des Tribunaux de grande instance

Articles 65 : Le Tribunal de grande instance, outre les juges d'instruction, comprend des magistrats du siège nommés par décret du président de la République sur proposition du Conseil supérieur de la magistrature et des magistrats du ministère public nommés dans les mêmes conditions.

Selon l'importance des tribunaux, seront nommés parmi les magistrats du siège :

- Un président
- Des vice-présidents

Le président du Tribunal de grande instance est président de la première chambre civile.

Articles 66 : Un juge peut être récusé par l'une des parties au procès. La demande en récusation doit être motivée et écrite. Elle est adressée au président de la Cour d'appel qui statue dans les 24 heures à compter de la réception de la demande par une ordonnance qui n'est susceptible d'aucun recours.

Le ministère public est représenté par le procureur de la République assisté d'un procureur adjoint et d'un Substitut du procureur de la République au moins.

Section III : De l'administration du Tribunal de grande instance

Article 67 : L'assemblée générale du Tribunal de grande instance délibère sur les questions intéressant la vie du tribunal ou celles d'ordre général.

Elle est compétente pour édicter les règles générales concernant le fonctionnement pratique des formations et services du tribunal et notamment de ces audiences, la répartition des dossiers entre les diverses formations du tribunal et les juges qui les constituent, la répartition des greffiers entre les diverses chambres et les cabinets d'instruction. La bibliothèque du tribunal, la rédaction, la signature et la conservation des minutes et la surveillance de la bonne tenue du greffe.

Les délibérations de l'assemblée générale qui adopte ces règles sont sans délai transmises au Président de la Cour d'appel et au procureur général.

Article 68 : L'assemblée générale du Tribunal de grande instance comprend : le président du tribunal, les vice-présidents, les présidents de chambre, le procureur de la République, les substituts, les autres magistrats du siège, le greffier en chef sauf en matière disciplinaire.

Elle est placée sous la présidence du président du tribunal ou en cas d'absence ou d'empêchement, sous la présidence du procureur de la République.

Elle se réunit en session ordinaire, deux fois par année et en session extraordinaire chaque fois que le président du tribunal le juge utile ou à la demande du procureur de la République.

Article 69 : Sauf pour les matières pour lesquelles la loi a attribué compétence à d'autres juridictions, les Tribunaux de grande instance sont juges de droit commun en première instance en matière civile dans leur ressort. Ils sont également compétents en matière sociale, administrative et commerciale dans les localités où il n'existe pas de tribunaux de travail, de tribunaux administratifs et de tribunaux de commerce. En ce cas la procédure suivie est celle déterminée respectivement par le code du travail ou le code de procédure civile, administrative, commerciale et financière.

Article 70 : Le Greffe du Tribunal de grande instance comprend un greffier en chef et des Greffiers nommés par arrêté du Garde des sceaux, ministre de la Justice, parmi les membres du corps des greffiers.

Le greffier en chef et les greffiers sont affectés aux chambres et cabinets d'instruction par décision du président du tribunal après avis du procureur de la République. Ils exercent les attributions définies par la présente loi.

Article 71 : Le procureur de la République assure l'ordre et la sécurité à l'intérieur du tribunal et dans ses abords immédiats. Il dispose du piquet de police affecté au tribunal et peut requérir la force publique.

Il contrôle les pièces à conviction, vérifie leur état, fait établir les procès-verbaux de remise des pièces à conviction aux domaines en vue de la vente aux enchères, ordonne, le cas échéant, leur restitution ou destruction. Il exerce sur les personnels servant au tribunal tout comme le président du tribunal, le pouvoir de notation et d'appréciation.

Section IV : Les formations du Tribunal de grande instance

Article 72 : Le Tribunal de grande instance comporte :

1°une ou plusieurs chambres civiles compétentes en matière civile.

2°une ou plusieurs chambres correctionnelles.

3°un tribunal pour enfants

4°un ou plusieurs cabinets d'Instruction.

Article 73 : La distribution des juges pour le service des chambres est faite par ordonnance du président du tribunal après avis de l'assemblée générale du tribunal dans le trimestre précèdent la rentrée judicaire pour l'année judiciaire en cours et pour l'année suivante.

Article 74 : A défaut de désignation des juges chargés du service des chambres ou en cas d'empêchement des juges désignés ou d'insuffisance des effectifs, le président du tribunal appelle par ordonnance à compléter les chambres, les présidents des Tribunaux d'instance et des Tribunaux de travail du ressort du Tribunal de grande instance.

Faute de cette désignation, le président de la chambre complète la formation où le juge le plus ancien de cette chambre exerce les pouvoirs prévus par l'alinéa précèdent.

Faute de ces deux sortes de désignation ou en cas d'impossibilité d'y procéder, une ordonnance du président de la Cour d'appel sollicitée par le président du tribunal complète, après avis du procureur général, ces chambres avec les magistrats du Tribunal de grande instance ou du Tribunal d'instance.

Les juges qui ont déjà connu des litiges en procès en qualité de juges ne peuvent pas être appelés à compléter le tribunal.

Article 75 : Le Tribunal pour enfants est compétent pour juger les infractions qualifiées crimes ou délits, imputées aux mineurs de dix-huit ans. Ils peuvent également connaître des affaires dans lesquelles sont impliqués des mineurs de dix-huit ans/et des majeurs.

Dans chaque cas, le juge peut ordonner une mesure d'assistance éducative à la requête du gardien ou du tuteur, du mineur lui-même ou du ministère public. Le juge peut se saisir d'office à titre exceptionnel.

Article 76 : Les règles concernant le fonctionnement, la compétence et la composition des tribunaux pour enfants sont fixées par le code de procédure pénale dans la mesure où les règles de ce code ne sont pas contraires aux dispositions de la présente loi.

Article 77 : Le juge des enfants est nommé par décret du président de la République sur proposition du Conseil supérieur de la magistrature.

Article 78 : Le Cabinet d'instruction est une juridiction à juge unique. Le juge d'instruction est nommé par décret du Président de la République sur proposition du Conseil supérieur de la magistrature. Il est assisté d'un greffier.

En l'absence du greffier affecté au cabinet d'instruction, le juge d'instruction peut nommer un greffier ad hoc parmi les greffiers en exercice à la juridiction.

Lorsqu'il y a plusieurs cabinets, il est nommé un doyen des juges d'instruction. Il peut se substituer à l'un des juges d'instruction relevant de son autorité.

Article 79 : Le procureur de la République dirige le parquet du Tribunal de grande instance et occupe le siège du ministère public devant les formations juridictionnelles du tribunal.

Il est, en cas d'absence, d'empêchement ou sur ses ordres, suppléé par ses substituts, le plus ancien venant avant le moins ancien et chacun d'eux étant affecté par le procureur de la République à l'une ou plusieurs formations juridictionnelles du Tribunal de grande instance.

Chapitre VI (en principe il s'agit du chapitre V et non VI)

Les Tribunaux administratifs

Article 80 : Il peut être créé un tribunal administratif par district ou arrondissement. La loi de création fixe son siège et son ressort qui comprend un ou plusieurs districts ou un ou plusieurs arrondissements.

Chaque Tribunal administratif comprend un greffe.

Sauf disposition spéciale de la loi, tout acte du siège est accompli avec l'assistance d'un greffier.

Le ministère public y est représenté par le procureur de la République et un substitut du procureur de la République au moins.

Article 81 : Les jours et heures des audiences normales ou extraordinaires des Tribunaux administratifs sont fixés par délibération de l'Assemblée générale du tribunal au début de chaque année.

L'administration du Tribunal administratif est dévolue au président.

Section premier : compétence des Tribunaux administratifs

Article 82 : Les Tribunaux administratifs sont juges de droit commun en première instance en matière administrative.

Article 83 : Le Tribunal administratif est, en matière administrative, juge de droit commun en premier ressort, et au plan contentieux, il est au cours des instances dont il est saisi, compétent pour interpréter les décisions des diverses autorités administratives et apprécier leur régularité juridique, à la demande de l'une des parties, sans pouvoir en prononcer l'annulation qui est de la compétence de la Cour suprême.

A ce titre, le tribunal administratif connaît de toutes les actions tendant à faire déclarer débitrices les collectivités publiques soit à raison des marchés titre dont le Tribunal administratif connaît :

1°publics conclus par elle, soit à raison des travaux publics qu'elles ont ordonnés, soit encore à raison de tous actes ou activités de leur part ayant porté préjudice à autrui.

2°Du contentieux des contributions perçues par les collectivités publiques.

3°De tous les litiges portant sur les avantages pécuniaires ou statutaires reconnus aux fonctionnaires et agents publics des diverses administrations, notamment aux fins de redresser les situations de carrières inadéquates et de prononcer, le cas échéant, la réparation qui leur est due pour le préjudice.

4°Des actions intentées par les administrations contre les particuliers, ou d'autres administrations lorsqu'elles se rapportent à des relations relevant du droit public.

Article 84 : Le Tribunal administratif statue toujours en premier ressort et à charge d'appel.

Section II : De l'organisation des Tribunaux administratifs

Article 85 : Le Tribunal administratif comprend des magistrats du siège nommés par décret du président de la République sur proposition du Conseil supérieur de la magistrature et des magistrats du ministère public nommés dans les mêmes conditions. Trois magistrats sont nommés l'un président du Tribunal administratif, l'autre vice-président et le troisième juge du siège.

Article 86 : Un juge peut être récusé par l'une des parties au procès. La demande en récusation doit être motivée et écrite. Elle est adressée au président de la Cour d'appel qui statue en chambre administrative dans les 24 heures à compter de la réception de la demande par une ordonnance qui n'est susceptible d'aucun recours.

Section II : De l'administration des Tribunaux administratifs

Article 87 : L'assemblée générale du Tribunal administratif délibère sur les questions intéressant la vie du tribunal ou celle d'ordre général.

Elle est compétente pour édicter les règles générales concernant le fonctionnement pratique des formations et services du tribunal et notamment les règles relatives à la périodicité des audiences, la répartition des dossiers entre les diverses formations du tribunal et les juges qui les constituent, la répartition des greffiers entre les diverses sections, la bibliothèque du tribunal, la rédaction, la signature, la conservation des minutes et la surveillance de la bonne tenue du greffier.

Les délibérations de l'Assemblée générale qui adopte ces règles sont sans délai transmises au président de la Cour d'appel et au procureur général.

Article 88 : L'Assemblée générale du Tribunal administratif comprend : le président du tribunal, le vice-président, le procureur de la République, les substituts, les autres magistrats du siège et le greffier en chef sauf en matière disciplinaire.

Elle est placée sous la présidence du président du tribunal ou en cas d'empêchement, sous la présidence du procureur de la République près le même Tribunal administratif.

Elle se réunit en session ordinaire deux fois par année et en session extraordinaire chaque fois que le président du Tribunal administratif le juge utile ou à la demande du procureur de la République.

Article 89 : Le greffe du Tribunal administratif comprend un greffier en chef et des greffiers nommés par arrêté du Garde des sceaux, ministre de la Justice, parmi les membres du corps des greffiers.

Le greffier en chef et les greffiers sont affectés par décision du président du tribunal après avis du procureur de la République.

Article 90 : Le greffe du Tribunal administratif exerce sous l'autorité du président et du procureur de la République, les attributions définies par la présente loi.

Le procureur de la République exerce sur le personnel servant au tribunal tout comme le président du tribunal le pouvoir de notation et d'appréciation.

Chapitre VIII [En principe il s'agit du chapitre VII et non du chapitre VIII] :

Des Tribunaux d'instance

Article 119 : Il peut être créé un Tribunal d'instance par district ou arrondissement. La loi de création fixe son siège et son ressort, qui comprend un ou plusieurs districts ou un ou plusieurs arrondissements.

Chaque Tribunal d'instance comprend un greffe. Sauf disposition spéciale de la loi, tout acte du juge est accompli avec l'assistance d'un greffier. Le ministère public y est représenté par un substitut du procureur de la République près le Tribunal de grande instance.

Article 120 : Le Tribunal d'instance comprend un magistrat qui est un président nommé par décret du président de la République sur proposition du Conseil supérieur de la magistrature et un magistrat du parquet nommé dans les mêmes conditions.

Article 121 : Les jours et heures des audiences normales ou extraordinaires des Tribunaux d'instance sont fixés par délibération de l'Assemblée générale du tribunal au début de chaque année.

L'administration du Tribunal d'instance est dévolue au président qui exerce à cet effet les attributions prévues aux articles 68 et 71 ci-dessus.

Article 122 : Le Tribunal d'instance connaît, en matière civile en conciliation, de toutes les actions et aux contentieux de toutes les actions personnelles, mobilières ou immobilières en premier ressort et à charge d'appel jusqu'à la valeur de 1.000.000 de francs CFA en capital et 300.000 Frs en revenus, rente ou prix de bail.

Article 123 : En matière de divorce les conjoints peuvent saisir à leur choix le Tribunal d'instance ou le Tribunal de grande instance. En cas de désaccord, le choix du défendeur à la première action principale détermine le tribunal compétent.

Article 124 : Le Tribunal d'instance connaît lorsque les causes de la saisie sont dans les limites de sa compétence :

1°Des contestations et matière de saisie-brandon ou de saisie-exécution ;

2° Des demandes en déclaration affirmative, validité, nullité ou opposition ;

3°Des demandes en validité, nullité ou à main levée de saisies conservatoires, de saisies gageries, de saisies arrêts sur salaire ou de saisies-revendications, saisie-brandon.

Il est également compétent pour autoriser dans les limites de sa compétence, et s'il y a lieu, les saisies prévues au présent article.

Article 125 : Lorsque plusieurs demandes procédant de causes différentes et non connexes, sont formées par la même partie contre le même défendeur et réunies en même instance, la compétence du tribunal et le taux du ressort sont déterminés par la nature et la valeur de chaque demande prise isolement.

Lorsque les demandes réunies procèdent de la même cause ou sont connexes, la compétence et le taux du ressort sont déterminés par la valeur totale des demandes.

Article 126 : Le Tribunal d'instance connaît de toutes les exceptions ou moyens de défense qui ne soulèvent pas une question relevant de la compétence exclusive d'une autre juridiction, alors même qu'ils exigeraient l'interprétation d'un contrat.

Article 127 : Le Tribunal d'instance connaît de toutes les demandes reconventionnelles ou en compensation qui par leur matière et leur valeur, sont dans les limites de sa compétence, alors même que ces demandent, réunies à la demande principale, excéderaient, les limites de sa juridiction.

Article 128 : En matière pénale, le Tribunal d'instance a des attributions correctionnelles limitées aux contraventions et aux délits pour lesquels la peine encourue est égale ou inférieure à une année d'emprisonnement.

Loi n°18-2008 du 25 juin 2008 portant modification du ressort du Tribunal de grande instance de Brazzaville.

Article premier : Le ressort du Tribunal de grande instance de Brazzaville s'étend sur la ville de Brazzaville, les districts de Goma Tsé-Tsé, d'Ignié et de Ngabé.

Article 2 : La présente loi, qui abroge toutes dispositions antérieures contraires, sera publiée au Journal officiel et exécutée comme loi de l'Etat.

BIBLIOGRAPHIE

Doctrine

- Codes d'audience, éditions GIRAF, août 2001, 736 pages.
- CORNU Gérard, (dir), vocabulaire juridique, association Henri Capitant, 8ème édition, Paris, presses universitaires de France, 2000.
- DURFORT Sylvie, Institutions et principes fondamentaux du procès civil, portail universitaire du droit, université numérique juridique Francophone (plateforme de cours en ligne), disponible à l'adresse : https://cours.unjf.fr/file.php/22/cours/03 item/index 10.htm.
- FABRE- MAGNAN Muriel, introduction au droit, Paris, PUF, coll. Que sais- je ? Deuxième édition mise à jour, édition, 2014.
- GEORGES Philippe et SIAT Guy, Droit public, Paris, Dalloz, 2006, 15ème édition.
- GUINCHARD Serge, DEBARD Thierry, (dir), Lexique des termes juridiques, Paris, Dalloz, 25ème édition, 2017- 2018.
- Marceau Long, Prosper Weil, Guy Braibant, Pierre Devolvé et Bruno Genevois, les grands arrêts de la jurisprudence administrative, 18ème édition 2011, Dalloz, 1009 pages.
- NGONO (E), Manuel droit public du citoyen, Paris, Bajag- Meri, 2008.

- Youssoupha DIALLO, le procureur de la République, la pratique du parquet, Paris, l'Harmattan- Sénégal, 2018, 547 pages.

TABLE DES MATIERES

ACRONYMES ET ABREVIATIONS 7
INTRODUCTION 13

CHAPITRE 1 : IDENTIFICATION, STATUT ET ROLE DU PROCUREUR DE LA REPUBLIQUE 19
Section 1 : Identification et statut du procureur de la République 19
Paragraphe 1 : Quelques précisions générales sur la formation et la nomination du magistrat du parquet 22
Paragraphe 2 : Le statut des magistrats du parquet.................. 25
Section 2 : Le rôle particulier du procureur de la République en matière administrative 27

CHAPITRE 2 : DES EXEMPLES DES CONCLUSIONS ECRITES DU PROCUREUR DE LA REPUBLIQUE EN MATIERE ADMINISTRATIVE. 29
Section 1 : Présentation d'une conclusion écrite en matière administrative (au regard de la pratique judiciaire congolaise) 29
Section 2 : Exemples des conclusions écrites du procureur de la République en matière administratives.................................. 30
Conclusions n° 1, injonction à conclure au fond, Affaire LE… née AS…, IB…, PE…, ON… C/ La société SGEC-Congo 31
Conclusions n°2, injonction à conclure sur le fond du litige, Affaire LE… et autres C/ l'Etat congolais 38
Conclusions n°3, injonction de restituer la requête introductive d'instance, Affaire MP… C/ L'Etat congolais 43
Conclusions n°4, injonction de communication des pièces justifiant les prétentions du requérant, Affaire NT… C/ L'Etat congolais... 45

Conclusions n°5, injonction de communication des pièces, Affaire MA… C/ L'Etat congolais 48
Conclusions n°6, injonction à conclure au fond, Affaire sieur LO… C/ l'Etat Congolais 52
Conclusions n°7, incompétence du tribunal d'instance 54
Affaire : ON… c/ l'Etat congolais 54
Conclusions n° 8, incompétence du Tribunal de grande instance, Affaire MP… C/ la société nationale d'électricité SNE 59
Conclusions n° 9, incompétence du Tribunal administratif........., Affaire succession TA… C/ le chemin de fer Congo-Océan .. 62
Conclusions n°10, incompétence du Tribunal administratif, Affaire MI… C/ le Chemin de fer Congo-Océan (CFCO)...... 66
Conclusions n° 11, incompétence du Tribunal administratif, Affaire AR… C/ l'Etat congolais 70
Conclusions n° 12, incompétence du Tribunal administratif et irrecevabilité de la requête pour défaut de qualité, Affaire l'Etat congolais C/sieur IL… et DI… 77
Conclusions n°13, incompétence duTribunal administratif, Affaire IY… C/ la commune de B.. 86
Conclusions n° 14, incompétence du Tribunal administratif, Affaire dame ND… C/ la commune de B 90
Conclusions n° 15, incompétence du Tribunal administratif, Affaire sieur SI… C/ la société nationale d'électricité............ 94
Conclusions n° 16, incompétence du Tribunal administratif, Affaire sieur SA… C/l'Etat Congolais................................ 100
Conclusions n°17, ordonner une enquête, Affaire ayants droit de feu Bi… C/ l'Etat congolais 106
Conclusions n° 18, rejet de l'exception d'irrecevabilité, injonction de conclure au fond, Affaire sieur OB…C/ l'Etat congolais et la société nationale de distribution d'eau (SNDE) 108
Conclusions n°19, réparation du préjudice, Affaire FO… C/ l'Etat congolais 116
Conclusions n°20, communication des pièces, transport sur les lieux et enquête, Affaire sieur MA… C/ la caisse de retraite des fonctionnaires (CRF) 124

Conclusions n° 21, la responsabilité de l'administration, Affaire OK... C/ l'Etat congolais 128
Conclusions n° 22, donner acte de la demande de désistement, Affaire NZ... C/ le chemin de fer Congo-Océan.................. 137
Conclusions n° 23, rejet de l'exception de nullité et de fin de non recevoir, injonction de conclure au fond, Affaire OK... C/ l'Etat congolais 141
Conclusions n° 24, l'irresponsabilité de l'administration, Affaire sieur AT... et sieur AY... C/ le port autonome de P... (nom de la ville).. 146
Conclusions n° 25, rejet de l'exception de communication de pièces et injonction de conclure au fond, Affaire sieur IK... C/ l'Etat congolais 151
Conclusions n° 26, rejet des moyens soulevés et indemnisation, Affaire sieur EL..., NI..., MB..., AM..., BI..., MI... C/l'Etat Congolais 155
Conclusions n°27, ordonner une expertise à l'effet d'interpréter les résultats d'un examen médical, Affaire succession BI... C/ le Centre hospitalier universitaire (CHU)............................ 166
Conclusions n°28, radiation de l'affaire du rôle du Tribunal administratif, Affaire sieurs GA... et autres C/ l'ASECNA.. 169
Conclusions n° 29, radiation de l'affaire du rôle du Tribunal administratif, Affaire sieur NK... C/l'Etat congolais............ 172
Conclusions n° 30, responsabilité de l'administration et réparation du préjudice, Affaire AK... et autres C/l'Etat Congolais 178

ANNEXES 187
BIBLIOGRAPHIE 225

Structures éditoriales du groupe L'Harmattan

L'Harmattan Italie
Via degli Artisti, 15
10124 Torino
harmattan.italia@gmail.com

L'Harmattan Hongrie
Kossuth l. u. 14-16.
1053 Budapest
harmattan@harmattan.hu

L'Harmattan Sénégal
10 VDN en face Mermoz
BP 45034 Dakar-Fann
senharmattan@gmail.com

L'Harmattan Cameroun
TSINGA/FECAFOOT
BP 11486 Yaoundé
inkoukam@gmail.com

L'Harmattan Burkina Faso
Achille Somé – tengnule@hotmail.fr

L'Harmattan Guinée
Almamya, rue KA 028 OKB Agency
BP 3470 Conakry
harmattanguinee@yahoo.fr

L'Harmattan RDC
185, avenue Nyangwe
Commune de Lingwala – Kinshasa
matangilamusadila@yahoo.fr

L'Harmattan Congo
67, boulevard Denis-Sassou-N'Guesso
BP 2874 Brazzaville
harmattan.congo@yahoo.fr

L'Harmattan Mali
ACI 2000 - Immeuble Mgr Jean Marie Cisse
Bureau 10
BP 145 Bamako-Mali
mali@harmattan.fr

L'Harmattan Togo
Djidjole – Lomé
Maison Amela
face EPP BATOME
ddamela@aol.com

L'Harmattan Côte d'Ivoire
Résidence Karl – Cité des Arts
Abidjan-Cocody
03 BP 1588 Abidjan
espace_harmattan.ci@hotmail.fr

Nos librairies en France

Librairie internationale
16, rue des Écoles
75005 Paris
librairie.internationale@harmattan.fr
01 40 46 79 11
www.librairieharmattan.com

Librairie des savoirs
21, rue des Écoles
75005 Paris
librairie.sh@harmattan.fr
01 46 34 13 71
www.librairieharmattansh.com

Librairie Le Lucernaire
53, rue Notre-Dame-des-Champs
75006 Paris
librairie@lucernaire.fr
01 42 22 67 13

www.ingramcontent.com/pod-product-compliance
Lightning Source LLC
LaVergne TN
LVHW011023061026
849535LV00006B/2023